WARUM

IMMER WIEDER

ISRAEL?

VISION VON DER ZUKUNFT
ISRAELS UND DER WELT

WILLEM J. J. GLASHOUWER

CKV
PUBLISHING

Christliche Kommunikation und Verlagsgesellschaft mbH Lübeck

ISBN 3-86098-174-9

2. überarbeitete Auflage 2005

Copyright © 2003 und 2005 der deutschen Ausgabe
CKV Christliche Kommunikation und Verlagsgesellschaft mbH
Mühlenstraße 50
23552 Lübeck, Bundesrepublik Deutschland
www.ckv-publishing.com
Übersetzung: Heinz Volkert, Peter Saur
Druck: Druckhaus Harms

Titel der holländischen Originalausgabe:
"Israël op weg naar zijn rust"
Copyright © 1998 Willem J. J. Glashouwer

Soweit nicht anders angegeben, wurden die Bibelzitate der Lutherbibel in der revidierten Fassung von 1984 entnommen.

INHALTSVERZEICHNIS

VORWORT

Als neuzeitlicher Staat existiert Israel zwar erst seit wenigen Jahrzehnten. Israels Geschichte reicht aber viel weiter zurück, nämlich mehrere tausend Jahre.

Viele Bücher befassen sich mit der Geschichte des jüdischen Volkes damals und heute, mit den biblischen Stätten im Heiligen Land. Viele Philosophen und Theologen haben sich den Kopf darüber zerbrochen, wie man das Geheimnis Israel ergründen könne.

Mein Vater hat immer zu mir gesagt: Es ist gut, auf jeden zu hören.

Von jeder Stimme in der Kirchengeschichte kann man etwas lernen, im Positiven wie im Negativen. Aber entscheidend ist letztlich die Frage: Was sagt Gottes Wort? Dieses Buch ist dazu ein Versuch. Auf Gottes Wort zu hören und es mit gläubigem Herzen nachsprechen zu lernen, mehr steht einem Menschen nicht zu. Den tiefsten Grund dafür, dass Israel ein Geheimnis ist, hat vielleicht der Prophet Jesaja ausgesprochen, als er sagte: *"Denn der HERR (...) ist herrlich in Israel" (Jes 44, 23b).* Der ewige Gott hat das jüdische Volk, Israel, auserwählt, um sich selbst in ihm zu verherrlichen.

Israel wurde herumgestoßen und geschlagen, von den Völkern zertreten. Nach wie vor ist es den Bedrohungen ausgesetzt. In unseren Tagen aber vollzieht sich das Wunder von Israels Heimkehr vor unseren Augen. Das jüdische Volk kehrt zurück ins Land, das der Herr ihm mit einem ewigen Bund verheißen hat *(siehe Ps 105, 7 - 11).* Das hat uns als Christen, als Gemeinde Jesu Christi, durchaus etwas zu sagen. Es hat in der Tat allen Völkern etwas zu sagen. Es bedeutet, dass Gottes Hand die Geschichte zu dem Ziel führt, das er gesetzt hat, und zwar hin zu seinem Reich.

Die Geschichte dieser Welt endet nicht in einer totalen Verseuchung oder Zerstörung durch atomare, biologische oder chemische Waffen. Sie geht nicht unter in einem Tohuwabohu von Chaos und Gesetzlosigkeit, wie sehr diese auch zunehmen werden. Sie geht auf das Reich Gottes zu. Deshalb ist Israel ein Zeichen der Hoffnung. Der ewige Gott hat alles im Griff. Sein Reich kommt, der König des Reiches kommt, der Messias Israels, der König aller Könige und Herr aller Herren. Sind wir dafür bereit? Dann wird wirklich Friede sein. Denn trotz allem: *"Israel zieht hin zu seiner Ruhe" (Jer 31,2)*.

Als Präsident der internationalen Stiftung "Christians for Israel" habe ich viele Male im In- und Ausland über Israel sprechen dürfen. Die Themen lauteten: "Was sagt die Bibel über Israel?" und "Was ist die Motivation für uns als 'Christians for Israel'?"

Auf die Bitte eines holländischen Verlages hin habe ich dieses Thema in Buchform gebracht. Ich freue mich sehr, dass dieses Buch schon in viele Sprachen übersetzt wurde. Für die zweite Auflage der deutschen Ausgabe hoffe und bete ich, dass sie dazu beitragen möge, dass viele sich eingehender mit Israel befassen, indem sie einfach miteinander auf die Schrift hören und dazu bereit sind, alte, manchmal ausgetretene theologische Pfade zu verlassen oder altbekannte Standpunkte kritisch zu hinterfragen. Leben wir doch in einer einzigartigen Phase der Weltgeschichte.

Denn Israel zieht hin zu seiner Ruhe, und wir mit ihm.

Nijkerk, Frühjahr 2005   Pfr. Willem J. J. Glashouwer

1 ISRAEL - GOTTES ERSTGEBORENER SOHN

"Weshalb beschäftigen Sie sich so viel mit Israel und den Juden? Ist das so eine Art Hobby für Sie, so wie Golf oder Briefmarkensammeln? Warum immer wieder Israel? Was ist so Besonderes an den Juden?" Diese Frage wird mir häufig gestellt.

Darauf antworte ich immer: "Nun, ich hoffe, dass das, was ich für Israel empfinde, in etwa dem entspricht, was Gott für sein Volk empfindet. Gott liebt Israel. Jesus liebt Israel. Das sagt die Bibel. Und da ich Jesus liebe und weiß, dass er mich liebt, kann ich gar nicht anders, als das Volk zu lieben, das er liebt."

Mein Interesse an Israel erwachte, als eines Tages ein alter Mann zu mir sagte: "Weißt du, es gibt viele Christen, die die toten Juden lieben, die Juden der Vergangenheit: Mose, Josua, David, Jesaja, Jeremia, Petrus, Paulus, Johannes und all die anderen. Dann gibt es Christen, die die Juden lieben, die noch gar nicht geboren sind: jene zukünftige, prophetische Generation von Juden, die in Israel leben wird, wenn es der Mittelpunkt der Erde ist, wenn der Friede Jerusalems die ganze Erde erfüllen wird.

Aber wer steht heute den Juden zur Seite? Wer liebt die Juden der Gegenwart mit der Liebe Jesu? Wer steht ihnen bei in ihrem einsamen Kampf gegen eine feindliche Welt?

Wer verkündet der Christenheit, dass sie über ihre furchtbare Vergangenheit Buße tun soll? Wer macht sich aufs Neue daran, die Bibel zu durchforschen und die wahre Beziehung zwischen Israel und der Gemeinde zu ergründen? Was ist mit den jüdischen Wurzeln des Christentums? Wie steht es um unsere gemeinsame prophetische Zukunft? Israel und die Gemeinde haben vielleicht sehr unterschiedliche Ansichten darüber, wer der Jude Jesus in Wahrheit ist, aber das spielt für die Mächte der Finsternis kaum eine Rolle. Diese Mächte hassen beide Völker Gottes, die an denselben Gott glauben, und die Geschichte zeigt, dass sie bibelgläubige Christen genauso brutal verfolgen wie Israel und die Juden." Diese Worte trafen mich direkt ins Herz. Ich fing an nachzudenken und Fragen zu stellen: "Was hat Gott mit Israel zu tun? Was hat er heute mit ihnen zu schaffen, nachdem die überwältigende Mehrheit der Juden Jesus als ihren Messias und als Sohn Gottes verworfen hat?"

Diese Fragen brachten mich zu einer neuen, intensiven Lektüre der Bibel, und zwar beider Teile, des Alten und des Neuen Testaments - Gottes absolut vertrauenswürdigem Wort, das er den Juden offenbart hatte. Als erstes machte ich folgende Entdeckung: Jesus ist Gottes einzig-gezeugter Sohn (siehe Joh 1,14 wörtlich), aber Israel wird von Gott als ein erstgeborener Sohn bezeichnet. Als die Kinder Israel Sklaven in Ägypten waren und der Pharao sie nicht ziehen ließ, stattdessen aber ihre Mühsal ständig vergrößerte, um sie gering an Zahl werden zu lassen, wurden Mose und sein Bruder Aaron mit folgender Botschaft zu ihm gesandt: *"So spricht der HERR: Israel ist mein erstgeborener Sohn; und ich gebiete dir, dass du meinen Sohn ziehen lässt, dass er mir diene. Wirst du dich weigern, so will ich deinen erstgeborenen Sohn töten"* (2. Mose 4,22.23). Und genau das geschah, als die zehnte Plage über Ägypten kam: *"Und zur Mitternacht schlug der HERR alle Erstgeburt in Ägyptenland vom ersten Sohn des Pharao an, der auf seinem Thron saß, bis zum ersten Sohn des Gefangenen im Gefängnis und alle Erstgeburt des Viehs"* (2. Mose 12,29). Die Weigerung, Gottes erstgeborenen Sohn ziehen zu lassen, hatte sie in der Tat ihre eigenen Erstgeborenen gekostet, genauso, wie Gott sie gewarnt hatte.

Gott liebt das jüdische Volk wie ein Vater seinen Sohn.

In bewegender Weise beschreibt der Prophet Hosea Gottes Gefühle gegenüber seinem Volk Israel (Hosea, Kapitel 11; alle folgenden Verse dieses Kapitels zitiert nach der Revidierten Elberfelder Übersetzung). Er sagt: *"Als Israel jung war, gewann ich es lieb, und aus Ägypten habe ich meinen Sohn gerufen" (Vers 1)*. Wie ein Vater spricht Gott von seinem aufsässigen Sohn. Mit allen widerstreitenden Gefühlen, die ein Vater für seinen Sohn empfinden kann, von zärtlicher Liebe bis zu großem Zorn. Jeder, der selber Kinder hat, weiß, wie das ist. Man liebt sie und tut alles für sie, aber ihr Benehmen kann einen auch manchmal zur Weißglut bringen! Dann folgen harte, scharfe Worte, Worte der Warnung, weil Sie erkennen, dass Ihr Kind, Ihr eigener Sohn, am Ende zugrunde gehen wird, wenn er so weitermacht. Deshalb die scharfen Worte, aus tiefer Sorge und Liebe. Deshalb auch manchmal sogar Züchtigung. Wie das Sprichwort sagt: "Wer nicht hören will, muss fühlen".

Der Zorn des frustrierten Vaters ist nicht zu überhören, wenn er durch Hosea sagt: *"Sooft ich sie rief, gingen sie von meinem Angesicht weg. Den Baalim opferten sie, und den Gottesbildern brachten sie Rauchopfer dar" (Vers 2)*. Wo ich doch alles für meinen Sohn getan habe, sagt Gott: *"Und ich, ich lehrte Ephraim* (ein zärtlicher Kosename für Israel) *laufen" (Vers 3a)* - wie ein Vater seinen Kleinsten an die Hand nimmt und seinen Sohn die ersten Schritte machen lässt - *"ich nahm sie immer wieder auf meine Arme" (Vers 3b)* - wie ein Vater sein Kind, wenn es gefallen ist und sich weh getan hat, in die Arme nimmt, um es zu trösten - *"aber sie erkannten nicht, dass ich sie heilte" (Vers 3c)*. Dankten sie es ihm, dass er wie ein irdischer Vater ihre Kratzer und Schrammen mit Pflastern verarztete? Leider nein! *"Mit menschlichen Tauen zog ich sie, mit Seilen der Liebe" (Vers 4a)*. Jedes Mittel, über das die Liebe auch nur verfügen kann, war dem Herrn recht, damit er sein Volk wieder zu sich zöge, genau so, wie irdische Eltern mit ihren Kindern umgehen. *"... und ich war ihnen wie solche, die das Joch auf ihren Kinnbacken anheben" (Vers 4b)*. Wenn Ochsen den Pflug ziehen, liegt das Joch auf ihrem Hals. Wie eingespannte Zugtiere hatte das Volk unter der Sklaverei in Ägypten geseufzt. Sie waren Sklaven gewesen, die das Joch auf dem Hals hatten, dazu gezwungen, in den Furchen zu laufen. Der Herr aber hatte das Joch zerschmettert und sein Volk aus den Händen der Sklaventreiber befreit. Sie waren durch das Schilfmeer hindurch in die Wüste geführt worden (siehe 2. Mose 14). Dort hatte er selber für ihre Bedürfnisse gesorgt mit Manna vom Himmel und Wasser aus dem Felsen. Er hatte sie von Lagerstätte zu Lagerstätte, von Oase zu Oase geführt. Ja, er hatte sogar dafür gesorgt, dass sie Fleisch bekamen: Fleisch von Wachteln (siehe 2. Mose 16,1 - 17,7). *"... und sanft zu ihm gab ich ihm zu essen" (Vers 4b).*

Dann klingt wieder der Zorn in Seiner Stimme durch: *"Es wird nicht ins Land Ägypten zurückkehren. Aber Assur, der wird sein König sein, denn sie weigern sich umzukehren" (Vers 5).* Wie grausam Assur seine Kriegsgefangenen behandelt hat, lässt sich nicht mit Feder und Tinte beschreiben. Es ist aber abgebildet auf den Steinen und eingemeißelt in die Felsen, auf denen die assyrischen Könige ihre grausigen "Heldentaten" verewigen ließen. Nach Assur wurden die zehn Stämme Israels schließlich ins Exil verschleppt, weil sie sich geweigert hatten, zu Gott umzukehren. Wieder unter die Knechtschaft! Das war der Lohn für ihren Undank! *"Und das Schwert wird kreisen in seinen Städten und seinen Schwätzern ein Ende machen, und es wird fressen wegen ihrer Ratschläge" (Vers 6).* Sie haben es sich und ihrem eigenen Verhalten selbst zuzuschreiben, sagt Gott. *"Aber mein Volk bleibt verstrickt in die Abkehr von mir" (Vers 7a).* Und Hosea, der Prophet, fügt hinzu: *"Und ruft man es nach oben, bringt man es doch insgesamt nicht dazu, sich zu erheben" (Vers 7b).*

GOTTES AUGAPFEL

Dann bricht aber erneut die Liebe im Herzen des Vaters durch. Wer wäre nicht zu Tränen gerührt? Was Ihr Kind, Ihr eigener Sohn, auch angestellt hat, bleibt er nicht dennoch Ihr Sohn? Deshalb sagt Gott: *"Wie sollte ich dich preisgeben, Ephraim, wie sollte ich dich ausliefern, Israel? Wie könnte ich dich preisgeben wie Adma, dich Zebojim gleichmachen?" (Vers 8a).* Adma und Zebojim waren Städte, die mit Sodom und Gomorra in der Senke des Toten Meeres lagen und genau wie jene durch den Zorn Gottes mit Feuer vom Himmel zerstört worden waren (siehe 5. Mose 29,22). Könnte ich das mit meinem eigenen erstgeborenen Sohn tun, fragt Gott. Züchtigen, ja! Aber verwerfen? Niemals! Ist und bleibt er doch sein erstgeborener Sohn, sein eigenes Kind! *"Mein Herz kehrt sich in mir um, ganz und gar erregt ist all mein Mitleid. Nicht ausführen will ich die Glut meines Zornes, will nicht noch einmal Ephraim vernichten. Denn Gott bin ich und nicht ein Mensch, in deiner Mitte der Heilige"* (Vers 8b.9).

Anders als Gott können Menschen in ihrer Wut und ihrer Grausamkeit hemmungslos sein. Wie schrecklich haben sich die Völker gegen Gottes erstgeborenen Sohn Israel verhalten! Der Prophet Sacharja spricht in Gottes Namen: *"... und bin sehr zornig über die stolzen Völker; denn ich war nur ein wenig zornig, sie aber halfen zum Verderben"* (Sach 1,15). Gott kennt diese Nationen genau und weiß, wie er mit ihnen umzugehen hat. Am Ende wird sein Gericht diese Völker treffen, und zwar in dem Maße, wie sie sein Volk Israel misshandelt haben, denn Israel ist Gottes Augapfel (siehe Sach 2,12.13). Das Auge ist eines der empfindlichsten Organe unseres Körpers. Schon ein Fingerschnippen nahe am Auge lässt uns zusammenzucken.

Wer also Israel antastet, der tastet Gottes Augapfel an. Glauben Sie, dass Gott das ignorieren würde? Würde er den Holocaust mit sechs Millionen ermordeten Juden, einschließlich anderthalb Millionen ermordeter Kinder, ignorieren? Nein, das Gericht über die Völker kommt mit Sicherheit. In Sacharja 2,12.13 warnt Gott alle Völker, die Israel beraubt und ausgeplündert haben. Gott sagt zu Israel: *"Wer euch antastet, der tastet meinen Augapfel an. Denn siehe, ich will meine Hand über sie schwingen ..."* Mit unseren Angriffen gegen Israel haben wir Gottes Augapfel nicht einfach nur berührt; vielmehr haben wir ihm direkt ins Auge geschlagen, ja, gestochen!

"Denn des HERRN Teil ist sein Volk, Jakob ist sein Erbe. Er fand ihn in der Wüste, in der dürren Einöde sah er ihn. Er umfing ihn und hatte Acht auf ihn. Er behütete ihn wie seinen Augapfel. Wie ein Adler ausführt seine Jungen und über ihnen schwebt, so breitete er seine Fittiche aus und nahm ihn und trug ihn auf seinen Flügeln. Der HERR allein leitete ihn, und kein fremder Gott war mit ihm"

(5. Mose 32,9 - 12).
Züchtigen? Ja! Aber vernichten? Nie und nimmer! *"Ich will nicht in Zornglut kommen. Hinter dem HERRN werden sie herziehen: wie ein Löwe wird er brüllen, ja, er wird brüllen, und zitternd werden die Söhne herbeikommen vom Meer"* (Hos 11,9b.10; Rev. Elberf.). Vom Meer, das heißt, von Westen kommen sie, sagt Gott. Also nicht aus dem babylonischen Exil, denn Babylon liegt aus Israels Sicht im Osten. *"Sie werden zitternd herbeikommen aus Ägypten wie ein Vogel und wie eine Taube aus dem Land Assur. Und ich werde sie in ihren Häusern wohnen lassen, spricht der HERR"* (Hos 11,11; Rev. Elberf.). Ägypten, das Symbol für Israels Sklaverei schlechthin, liegt im Süden und das Land Assur, also Assyrien, im Norden von Israel. Das, was in diesem Wort verkündet wird, Israels Rückkehr aus Gefangenschaft und Unterdrückung, ist genau das, was seit mehr als hundert Jahren vor aller Augen geschieht.

Israel ist Gottes erstgeborener Sohn. Allein seine bloße Existenz ist bereits ein Wunder, denn Abraham war schon zu alt, um Kinder zu zeugen, und Sara war weit über die Jahre ihrer Mutterschaft hinaus, als ihnen ihr Sohn Isaak geboren wurde (siehe 1. Mose 17,17; 18,11). Gott selber schenkte seinem erstgeborenen Sohn das Leben und schuf sich so ein Volk für seinen Namen inmitten der Nationen der Welt. Gottes eigenes Volk, durch das er sich unter den Völkern der ganzen Welt bekannt machen würde. Viele Male in seiner Geschichte wurde es gezüchtigt, aber völlig verlassen und verworfen? Nein, niemals!

Heute kehrt Israel schon seit mehreren Jahrzehnten zurück in das Land, das Gott ihnen einst durch einen ewigen Bund mit einem Eid verheißen hat, Kanaan, das Land Israel (siehe Ps 105, 7 - 11). Gott liebt Israel wirklich.

ISRAELS WIEDERHERSTELLUNG

Gott spricht durch den Propheten Jesaja zu seinem Volk: *"So fürchte dich nun nicht, denn ich bin bei dir. Ich will vom Osten deine Kinder bringen und dich vom Westen her sammeln, ich will sagen zum Norden: Gib her!, und zum Süden:*

Halte nicht zurück! Bring her meine Söhne von ferne (den Israeliten gehört die Sohnschaft, sagt der Apostel Paulus in Römer 9,4) *und meine Töchter vom Ende der Erde, alle, die mit meinem Namen genannt sind* (Israel trägt Gottes Namen), *die ich zu meiner Ehre geschaffen und zubereitet und gemacht habe" (Jes 43,5 - 7).* Geschaffen, zubereitet, gemacht und nach Gottes Namen genannt. Das ist Israel. Gott bringt seinen erstgeborenen Sohn zurück auf die Berge Judäas und Samarias. Zurück in das verheißene Land.

Warum tut er das? Ist Israel denn inzwischen ein gehorsamer Sohn geworden? Erkennt es in der Geschichte Gottes Handeln mit ihm als seinem Volk? Erkennt es in seiner eigenen jüdischen Geschichte Gottes großes Handeln, als Gottes einzig gezeugter Sohn unter ihnen in dem menschlichen Fleisch, das er durch seine jüdische Mutter Maria erhielt, als Jude zur Welt kam, um die Sünden der Welt auf sich zu nehmen, auch Israels Sünden? Hat Israel dies alles erkannt, und darf es deshalb endlich aus dem fast zweitausend Jahre dauernden "römischen" Exil zurückkehren? Nein. Israel ist als ganzes Volk noch nicht umgekehrt. Aber das sollte uns auch nicht überraschen, denn das ist genau das, was der Prophet Jesaja vorhergesagt hatte: *"Es soll hervortreten das blinde Volk, das doch Augen hat, und die Tauben, die doch Ohren haben"*, heißt es in Jesaja 43, Vers 8. Offensichtlich in taubem und blindem Zustand wird es vom Herrn in das Land Israel zurückgeführt, in Gottes Land, denn Israel ist Land Gottes: *"Denn das Land ist mein, und ihr seid Fremdlinge und Beisassen bei mir"*, sagt Gott zu Israel (3. Mose 25,23). "Es ist mein Land", sagt Gott, "und ich gebe es euch als Wohnstätte." Zum übergroßen Teil taub und blind für das Evangelium, kehrt Israel in das Land zurück. Aber auch seine Taubheit und Blindheit wird vergehen, denn Paulus sagt: *"Verstockung ist einem Teil Israels widerfahren, so lange bis die Fülle der Heiden zum Heil gelangt ist; und so wird ganz Israel gerettet werden" (Röm 11,25b.26a).*

Wie wird das geschehen? *"Wie geschrieben steht: 'Es wird kommen aus Zion der Erlöser, der abwenden wird alle*

Gottlosigkeit von Jakob. Und dies ist mein Bund mit ihnen, wenn ich ihre Sünden wegnehmen werde' " (Röm 11,26b.27). Gott selber wird seinen erstgeborenen Sohn erlösen. Diese Ehre gönnt er keinem anderen. Die Umkehr des erwählten Überrestes Israels wird nichts weniger als ein Wunder Gottes sein, so wie jede Umkehr ein Wunder seiner Gnade ist, wofür Ihm allein die Ehre gebührt. Zuerst kommt Israels nationale Wiederherstellung, dann die geistliche. Hesekiel sagt: *"Denn ich will euch aus den Heiden herausholen und euch aus allen Ländern sammeln und wieder in euer Land bringen"* (Hes 36,24). Eben dies sehen wir schon seit Jahrzehnten vor unseren Augen geschehen. Verstreut über die ganze Welt, kehren sie aus mehr als 120 Ländern nach Israel zurück. Wenn sie wieder im Land sind, sagt Gott: *"Und ich will reines Wasser über euch sprengen, dass ihr rein werdet; von all eurer Unreinheit und von allen euren Götzen will ich euch reinigen. Und ich will euch ein neues Herz und einen neuen Geist in euch geben und will das steinerne Herz aus eurem Fleisch wegnehmen und euch ein fleischernes Herz geben. Ich will meinen Geist in euch geben und will solche Leute aus euch machen, die in meinen Geboten wandeln und meine Rechte halten und danach tun. Und ihr sollt wohnen im Lande, das ich euren Vätern gegeben habe, und sollt mein Volk sein und ich will euer Gott sein"* (Hes 36,25 - 28). Israel kehrt in sein Land zurück, um für alle Zeit darin zu bleiben. So sagt es Gott durch den Propheten Amos: *"Zur selben Zeit will ich die zerfallene Hütte Davids wieder aufrichten und ihre Risse vermauern und, was abgebrochen ist, wieder aufrichten und will sie bauen (...). Denn ich will die Gefangenschaft meines Volkes Israel wenden (...). Denn ich will sie in ihr Land pflanzen, dass sie nicht mehr aus ihrem Land ausgerottet werden, das ich ihnen gegeben habe, spricht der HERR, dein Gott"* (Am 9,11.14a.15). *"Israel zieht hin zu seiner Ruhe"* (Jer 31,2b). Gott selbst wird seinem Volk am Ende Ruhe verschaffen. Warum? Weil Gott Israel über alles liebt.

2 GOTTES ZWEIFACHER BUND MIT ISRAEL

Viele, die so wie ich eine christliche Erziehung genossen haben, hat man sicherlich das Gleiche wie mich über Israel und die Juden gelehrt. In der christlichen Schule, der Sonntagsschule oder im Konfirmandenunterricht haben Lehrer wahrscheinlich etwa Folgendes gesagt: "Es gibt ein Altes Testament, den ersten Teil der Bibel, in dem es um den Alten Bund geht, den Gott mit dem Volk Israel geschlossen hat. Und es gibt ein Neues Testament, den zweiten Teil der Bibel, in dem es um den Neuen Bund geht, den Gott mit der christlichen Gemeinde geschlossen hat." Israel war demnach das auserwählte Volk Gottes bis zu dem Augenblick, wo es nein zu Jesus sagte. Von da an wurde sein Platz von einem neuen Volk Gottes eingenommen, bestehend aus allen Menschen, die an Jesus glauben. Zu diesem neuen Volk Gottes, der christlichen Gemeinde, gehört jeder, der an Jesus glaubt, sei er Jude oder Heide, Holländer oder Chinese, schwarz oder weiß, arm oder reich, jung oder alt, Mann oder Frau. Jeder, der an Jesus glaubt, ist willkommen.

Es stimmt: Jeder ist willkommen. Was man aber meistens fast automatisch mitdachte oder sagte, war: "Das jüdische Volk, Israel, hat aufgehört, Gottes auserwähltes Volk zu sein. Gott hat seinen erstgeborenen Sohn verworfen." Die Christen fingen bald an zu lehren: "Die Juden haben Jesus verworfen und sind deshalb nicht mehr Gottes erwähltes Volk. Und wie traurig es auch ist, wenn man wissen will, was mit Menschen geschieht, die sich gegen den Herrn und seinen Gesalbten wenden, braucht man sich nur das jüdische Volk anzusehen. Es ist furchtbar, diese ganze jahrhundertelange Judenverfolgung. Aber sie haben nun mal Jesus ermordet und werden jetzt von Gott bestraft. Haben sie nicht auch selber gesagt: *'Sein Blut komme über uns und unsere Kinder!' (Mt 27,25)*? Ja, es ist schon schlimm, was alles mit den Juden geschieht, aber

14

sind sie nicht selbst schuld? Es ist eine Warnung für uns alle!"
So haben Christen gedacht und geredet, und viele denken und reden auch heute noch so! Gott handelt nicht mehr in besonderer Weise mit den Juden, sagen sie, wenn man einmal absieht von seinen Strafgerichten, die er über sie ergehen lässt, während die Christenheit von ihm reich gesegnet wird. "Seht doch nur", sagen sie, "wie sehr die christliche Kirche gewachsen ist, seit Kaiser Konstantin sie zur Staatsreligion im römischen Reich gemacht hat. Wie sie das römische Reich von innen her aufgerollt und das finstere Heidentum in Europa immer weiter zurückgedrängt hat. 'Christliche' Zivilisationen sind überall in West- und Osteuropa, in Russland und Amerika, in Australien und Afrika entstanden und an jedem Ort, an den Missionare gekommen sind." Nun, was soll man dagegen sagen?

NICHT DIE JUDEN

Und Israel? Der ewig wandernde Jude ("blind, geldgierig, hinterlistig und machthungrig", wie er bis heute noch in vielen Köpfen herumspukt) wurde zum gehetzten Freiwild. Die Christenheit vergaß nur zu gerne, dass sie selbst es war, die die Juden im Mittelalter zum Geldhandel gezwungen hatte, weil dieser als gottloses Gewerbe galt, mit dem anständige Christenmenschen sich nicht zu befassen hatten. Ebenso vergaß die Christenheit, dass sie selber den Juden ja verboten hatte, den Zünften und Gilden beizutreten und "ehrliche" Berufe auszuüben. Und wie steht es mit der angeblichen jüdischen Machtgier? Wer die Machtkämpfe zwischen "christlichen" Königen und Päpsten, Landesfürsten und Adeligen, Kaufleuten und Bauern, Bürgern und Klöstern in allen europäischen Ländern durch die Jahrhunderte hindurch verfolgt, erhält vom Begriff "Machtgier" einen gebührenden Eindruck. Immer wieder wurden die Juden ausgeplündert, verjagt, misshandelt, abgesondert, in Ghettos gesperrt und schließlich in die Konzentrationslager abtransportiert. Systematisch hat man versucht, jeden einzelnen Juden zu töten. Große und Kleine, Alte und Junge starben in den Gaskammern und wurden in den Krematorien verbrannt.

Man täte damit sogar, wie die Kirche in früheren Jahrhunderten sagte, ein Gott wohlgefälliges Werk, denn waren sie schließlich nicht die Mörder Jesu? Nur zu gerne vergaß man dabei, dass nicht die Juden Jesus ermordet haben, sondern Nichtjuden, nämlich die Römer. Den Juden war es damals ja nicht einmal gestattet, die Todesstrafe zu vollstrecken, denn sie waren ja nicht mehr die Herren im eigenen Lande. Die Römer waren die Machthaber. Wenn jüdische Gerichte Todesurteile fällten, so mussten sie beim römischen Statthalter - in diesem Fall Pontius Pilatus - vorstellig werden, der über solch ein Todesurteil zu entscheiden hatte und es gegebenenfalls durch seine römischen Soldaten vollstrecken ließ. So war es auch bei Jesus. Juden haben ihn zum Tode verurteilt und Nichtjuden, nämlich Römer, haben ihn gekreuzigt und so das Todesurteil vollstreckt, das zuvor von Pontius Pilatus für rechtskräftig erklärt worden war. War Pilatus dabei von Seiten der Juden unter Druck gesetzt worden? Sicherlich.

Aber es blieb seine eigene Verantwortung. Deshalb wird Pontius Pilatus auch mit seinem vollen Namen im Apostolischen Glaubensbekenntnis genannt, das in frühchristlicher Zeit entstanden ist. Dort wird von Jesus gesagt: "... gelitten unter Pontius Pilatus, gekreuzigt, gestorben und begraben". Den ersten Christen war noch sehr bewusst, wer die Verantwortung für den Tod Jesu trug. Es ist also historisch falsch, wenn man sagt, die Juden hätten Jesus ermordet. Der Apostel Johannes hatte unter dem Kreuz gestanden und gesehen, wie die römischen Soldaten Jesu Hände und Füße mit Nägeln durchbohrt und am Schluss einen Speer in seine Seite gestoßen hatten. Später schrieb er: *"Denn das ist geschehen, damit die Schrift erfüllt würde: (...) 'Sie werden den sehen, den sie durchbohrt haben' "* (Joh 19,36.37).

Wer hat Jesus durchbohrt? Die Römer. Wer sah dabei zu? Die Juden. Wenn es um die Frage geht, wer am Tod Jesu schuldig ist, so lautet die Antwort, dass wir alle schuldig sind. Es ist so, als ob jeder einzelne von uns ganz real das Todesurteil ausgesprochen und den Hammer, die Nägel und den Speer geführt hätte. *"Aber er ist um unsrer Missetat willen ver-*

16

wundet und um unsrer Sünde willen zerschlagen. Die Strafe liegt auf ihm, auf dass wir Frieden hätten, und durch seine Wunden sind wir geheilt" (Jes 53,5). Er war und ist Gottes Lamm, das der Welt Sünde trägt (siehe Joh 1,29.36). Er selbst sagt: *"Darum liebt mich mein Vater, weil ich mein Leben lasse, dass ich's wieder nehme. Niemand nimmt es von mir, sondern ich selber lasse es" (Joh 10,17.18).* Der niederländische Theologe und Dichter Jacobus Revius (1586 - 1658) hat es in dem Gedicht "Er trug unsere Schmerzen" sehr treffend zum Ausdruck gebracht:

Die Juden brachten nicht, Herr Jesu, dich ans Kreuze;
Nicht die Verräter, die dich zogen vor's Gericht,
Noch, wer zu deiner Schmach dir spie in dein Gesicht,
Noch dich mit Fesseln band und Schläge dir versetzte.
Die Kriegsknecht' sind es nicht, die in den harten Fäusten
Den Stock erhoben und den Hammer jäh gezückt
Und die auf Golgatha das Fluchholz aufgericht'
Und die um dein Gewand bald würfelten und losten:
Ich bin's, o Herr, ich bin's, der dir all dieses tat,
Ich bin der schwere Baum, der dich bedrücket hat,
Ich bin der rohe Strick, mit dem du gingst gebunden,
Der Nagel und der Speer, die Geißel, die dich schlug,
Die blutbefleckte Kron', die dort dein Schädel trug:
All dies geschah, o weh! - nur wegen meiner Sünden!

Durch alle Jahrhunderte hindurch aber hat die Christenheit darauf beharrt, das jüdische Volk, Israel, habe Christus getötet und sei deshalb verstoßen. Auf ihnen ruhe Gottes Gericht. Wir, die Christenheit, seien das neue Gottesvolk, und wenn Juden dazu gehören wollten, dann müssten sie wie alle anderen zum Glauben an Jesus kommen, sich taufen lassen und dadurch im eigentlichen Sinne aufhören, Juden zu sein. Aber hört ein Mann auf, ein Mann zu sein, oder hört eine Frau auf, eine Frau zu sein, wenn er oder sie zum Glauben an Jesus kommt (siehe Gal 3,26 - 28), oder hört etwa ein Chinese auf, Chinese zu sein, wenn er an Jesus glaubt? Weshalb meinen wir dann, ein Jude, der an Jesus glaubt, höre auf, Jude zu sein?

Tun Juden das nicht und glauben sie nicht an Jesus, wurde in den Kirchen gelehrt, so bleibt der Zorn und das Gericht Gottes auf ihnen. Es ist kaum zu fassen, dass die Christenheit oft selber mitgeholfen hat, den "Zorn Gottes" an den Juden zu vollstrecken!

Aber dann kam das Jahr 1948.

VIELE NEUE FRAGEN

1948 proklamierte David Ben Gurion den unabhängigen jüdischen Staat Israel. Eine erstaunte Welt sah, dass Gott wie in den Tagen des Alten Testaments für sein Volk Israel gegen eine feindliche Übermacht stritt, die immer wieder darauf aus war, das Volk Israel zu vernichten, wie sich 1948, 1956, 1967 und 1973 gezeigt hat. Das jahrhundertealte theologische Kartenhaus stürzte in sich zusammen. Stattdessen erhoben sich unzählige neue Fragen:

War es Erfüllung biblischer Prophetie, dass Israel jetzt in sein Land zurückkehrte?

Hatte Gott doch noch etwas mit Israel und dem jüdischen Volk zu tun?

Galt der Bund mit Abraham, Isaak und Jakob, mit Mose und Josua vielleicht doch noch?

Sollte Gott diesen Bundesschlüssen etwa heute noch die Treue halten?

Was heißt das dann aber für uns, die Christen?

Was bedeutet das für die Stellung der christlichen Gemeinde vor Gott?

Ist es denn nicht so, dass der übergroße Teil Israels noch immer nicht an Jesus glaubt? Wie kann der Herr sie dann segnen?

Wie passt das alles zusammen?

In welcher Beziehung stehen der Alte und der Neue Bund, das Alte und das Neue Testament zueinander?

Kann es sein, dass zwei Bündnisse zeitgleich nebeneinander in Kraft sind?

Gibt es etwa zwei Gottesvölker?

Das sind die Fragen, die die Theologen seither beschäftigen. Einer der Bibelverse, der häufig als Beleg dafür zitiert wird, dass Israel selbst die Schuld an seinem jahrhundertelangen tragischen Schicksal trägt, ist der grausige Ausruf der Volksmenge in Jerusalem: *"Sein Blut komme über uns und unsere Kinder!" (Mt 27,25).*

Ich glaube wie viele andere Christen, dass die Bibel Gottes absolut verlässliches und vertrauenswürdiges Wort ist und man daher immer zuerst versuchen sollte, ihre Aussagen wörtlich zu nehmen, bevor man anfängt, nach einer geistlichen Bedeutung zu suchen. Man sollte Gottes Wort nicht vergeistlichen oder allegorisieren.

Wendet man nun dieses Auslegungsprinzip der wortwörtlichen Bedeutung auf diese furchtbaren Worte an, so wird schnell klar, dass sie sich bereits seit langem erfüllt haben: *"... über uns und unsere Kinder"*, hatten sie gerufen. Also über jene Generation. Die Juden, die das gerufen hatten, sie und ihre Kinder, wurden vierzig Jahre später von den Römern in Jerusalem umgebracht. Im Jahre 70 nach Christus machten Titus und seine Legionen die Stadt und den Tempel dem Erdboden gleich, metzelten mehr als eine Million Juden nieder und kreuzigten Zehntausende von Juden, bis im Umkreis von etlichen Kilometern kein Holz mehr da war, um daraus Kreuze zu machen. War das etwa nicht der Moment, als sein Blut über sie und ihre Kinder kam? Wartet nicht vielleicht all das jüdische Blut, das im Laufe der Jahrhunderte vor allem in den sogenannten christlichen Ländern Europas vergossen wurde, auf Gottes große Abrechnung am Tag des Gerichts? Schreit seine Stimme nicht genauso von der Erde zu Gott wie das Blut des gerechten Abel und das des Secharja, des Sohnes Berechjas (siehe 1. Mose 4,8 - 10; Mt 23,35), zusammen mit dem Blut der Märtyrer (siehe Offb 6,9 - 11) und aller unschuldig Ermordeten, einschließlich der vielen Millionen, die durch Abtreibung im Schoß ihrer Mutter starben und sterben?

EIN NEUER BUND

Mit wem wurden die Bündnisse überhaupt geschlossen? Wir wurden gelehrt, dass der Alte Bund mit Israel geschlossen wurde und der Neue Bund mit der christlichen Gemeinde. Eigenartig nur, dass Paulus, als er von Israel, seinen Brüdern nach dem Fleisch, redet, und alle ihre Vorzüge aufzählt, sagt, ihnen gehörten **"die** Bundesschlüsse" - also Mehrzahl (siehe Röm 9,4). Nicht nur **der** (Alte) Bund, sondern **die** Bündnisse, Mehrzahl, also der Alte Bund einschließlich des Neuen Bundes und noch weiterer Bundesschlüsse! Woher hat er diese Erkenntnis?

Aus Jeremia 31,31 - 34, wo der Prophet sagt: *"Siehe, es kommt die Zeit, spricht der HERR, da will ich mit dem Hause Israel und mit dem Hause Juda einen neuen Bund schlie-ßen, nicht wie der Bund gewesen ist, den ich mit ihren Vätern schloss, als ich sie bei der Hand nahm, um sie aus Ägyptenland zu führen, ein Bund, den sie nicht gehalten haben, ob ich gleich ihr Herr war, spricht der HERR; sondern das soll der Bund sein, den ich mit dem Hause Israel schließen will nach dieser Zeit, spricht der HERR: Ich will mein Gesetz in ihr Herz geben und in ihren Sinn schreiben, und sie sollen mein Volk sein und ich will ihr Gott sein. Und es wird keiner den andern noch sein Bruder den andern lehren und sagen: 'erkenne den HERRN', sondern sie sollen mich alle erkennen, beide, Klein und Groß, spricht der HERR; denn ich will ihnen ihre Missetat vergeben und ihrer Sünde nimmermehr gedenken".*

Wird der Neue Bund also mit der Gemeinde geschlossen? Nein -

DER NEUE BUND WIRD MIT ISRAEL GESCHLOSSEN!

Wann kam dieser Neue Bund "mit dem Hause Israel und mit dem Hause Juda" zustande? Oder wird er erst irgendwann in der Zukunft mit den Juden geschlossen, wie manche meinen? Werfen wir einen Blick auf das, was Jesus selbst beim letzten Abendmahl gesagt hat: *"Und er nahm das Brot, dankte und brach's und gab's ihnen und sprach: Das ist mein Leib, der*

für euch gegeben wird; das tut zu meinem Gedächtnis. Desgleichen auch den Kelch nach dem Mahl und sprach: Dieser Kelch ist der neue Bund in meinem Blut, das für euch vergossen wird!" (Lk 22,19.20). Der Herr Jesus, nach dem Fleisch ein Jude, umgeben von seinen jüdischen Jüngern, weist hin auf die Zeichen des Neuen Bundes. Kein einziger Heide war zugegen. In jenem Augenblick schloss er den Neuen Bund mit Israel. Sein gebrochener Leib und sein vergossenes Blut sind die Zeichen des Neuen Bundes, die die Erlösung und die Vergebung der Sünden der Welt, der Sünden von Juden und Nichtjuden gleichermaßen, verkünden.

Es ist wichtig festzuhalten, dass bis dahin alles eine rein innerjüdische Angelegenheit gewesen ist. Auch später beim Pfingstfest waren in Jerusalem nur Juden und Proselyten (das sind Nichtjuden, die zum Judentum übergetreten, also Juden geworden waren) bei der Ausgießung des Heiligen Geistes zugegen (siehe Apg 2,11). Wie das Abendmahl war auch das Pfingstereignis eine rein jüdische Angelegenheit. Wann kommen denn wir Heiden ins Spiel? Wir müssen bis Apostelgeschichte 10 warten. Dann erst sah der heidnische römische Hauptmann Cornelius, zum sprachlosen Erstaunen der Gläubigen aus der Beschneidung und auch des Apostels Petrus selbst, wie auch auf ihn und die anderen Heiden der Heilige Geist ausgegossen wurde (siehe Apg 10,44 - 47). Der Heilige Geist Gottes auf Nichtjuden, auf Heiden! Erst von diesem Zeitpunkt an wurden Nichtjuden zu den Geretteten hinzugefügt. Später sollte es der Apostel Paulus sein, der die volle Bedeutung dessen erfasste, was sich damals im Haus des Cornelius ereignet hatte, und seitdem geschah es überall, wo das Evangelium gepredigt wurde, dass Nichtjuden Jesus als ihren Herrn und Erlöser annahmen. Diese Menschen waren wie neue, wilde Zweige, die in die alte, edle Wurzel eingepfropft wurden (siehe Röm 11,24), mit hineingenommen in den Neuen Bund Gottes mit Israel. Sie waren aus ihrer eigenen, unedlen Wurzel herausgeschnitten und in die edle Wurzel eingepflanzt worden. Wie anders wäre die Geschichte verlaufen, wenn wir Christen Römer 11 aufmerksamer gelesen und mit mehr Sorgfalt gelehrt und gepredigt hätten!

Wir sind eingepfropft. Nicht wir sind der Stamm, sondern sie. Nicht sie müssen zu uns in die Gemeinde kommen, sondern wir sind zu ihnen gekommen, in ihren Neuen Bund. Eingepfropft. Merkt euch aber, so warnt Paulus schon damals die heidenchristlichen Gläubigen: Nicht ihr tragt die Wurzel, sondern die Wurzel trägt euch (siehe Röm 11,18)! Es ist ihr Bund, an dem ihr durch Gottes Gnade jetzt teilhaben dürft.

Ist das nicht wunderbar? Gott ist jetzt auch unser Bundesgott! Wir sind eingepfropft in den Neuen Bund. Sind wir auch untreu, so wird er doch treu bleiben. Er ist ein Gott, der erwählt. Wenn er einem ungehorsamen Israel gegenüber treu bleiben und seine Verheißungen an sein Volk erfüllen kann, dann kann und wird er genauso auch gegenüber seiner so häufig ungehorsamen Gemeinde treu bleiben und seine Verheißungen für sie erfüllen. Das ist die Hoffnung für Sie und mich! Trotz unserer Untreue und unseres Ungehorsams sieht er uns in Jesus.

Eines kommenden Tages wird Gott genau das auch für ganz Israel tun. Durch den Propheten Jeremia hat er verkündet, dass der Neue Bund für das Haus Israel und das Haus Juda bestimmt ist. Paulus macht klar, dass Gott "ganz Israel" retten wird, sobald sein Werk der Gnade unter den Heiden vollendet ist. Dann wird der Erlöser aus Zion kommen, er selbst wird alle Gottlosigkeit von Jakob abwenden und ihre Sünden wegnehmen (siehe Röm 11,25 - 27). Zu uns Heiden sagt Paulus: Seid also froh, dass Gott eine Zeit lang sein eigenes jüdisches Volk beiseite gesetzt hat, dass Zweige ausgebrochen wurden, damit ihr eingepfropft würdet (siehe Röm 11,19.20). Aber er wird Israel wieder zur Seite stehen, er wird die ausgebrochenen natürlichen Zweige wieder in ihren eigenen Ölbaum einpfropfen, denn er bleibt sich selbst, seinem Bund und seinen Bündnissen treu.

Darum sei nicht stolz, christliche Gemeinde, sondern fürchte dich! Staune darüber, dass Gott dir Gnade erweist. Denke daran: Er wird seiner Gnade gedenken, er wird seine Treue zu Israel niemals brechen. Denn das jüdische Volk kommt heim.

Israel ersteht aufs neue. Das bedeutet, dass sein Erlöser im Kommen ist. Zu seiner Zeit und auf seine Weise wird er sich seinen jüdischen Brüdern offenbaren.

Denken wir an die Geschichte von Josef und seinen Brüdern: Seine Brüder waren zu ihm nach Ägypten gekommen, weil sie ihn um Getreide bitten wollten, denn es war eine Hungersnot im Land Kanaan, aber sie hatten Josef nicht erkannt. Bevor Josef sich ihnen zu erkennen gibt, tut er etwas Bemerkenswertes: Er schickt alle Ägypter, die Nichtjuden, die Heiden, hinaus. Das Folgende geht sie nichts an. Es ist eine Sache zwischen ihm und seinen Brüdern. Erst als die Nichtjuden aus dem Raum gegangen sind, steigt Josef von seinem Thron herab und sagt: *"Ich bin Josef"* (siehe 1. Mose 45,1 - 3). - "Ich bin es wirklich!"

Bis zu diesem Moment hatten sie ihn nicht erkannt: Er sprach eine andere Sprache, nämlich Ägyptisch, nicht Hebräisch; genau wie auch das Neue Testament in griechischer Sprache geschrieben wurde und nicht auf hebräisch. Auch sah er nicht wie ein Jude aus, sondern wie ein ägyptischer Adeliger in ägyptischer Kleidung und mit einer ägyptischen Frisur, so wie auch Jesus auf vielen Gemälden alles andere als jüdisch aussieht. Vielleicht wurde Josef in den Tempeln der Ägypter sogar als Gott verehrt. Weshalb? Josef war der Zweite im Land Ägypten nach dem Pharao. Der Pharao aber galt als Sohn des Sonnengottes und empfing als solcher göttliche Verehrung durch die Ägypter. So könnte etwas von dieser Anbetung auf Josef übergegangen sein, umso mehr, da der Pharao selbst das Handeln Gottes durch Josef erkannt hatte.

Ebenso wird auch Jesus in vielen Kirchen auf der ganzen Welt wie eine heidnische Gottheit in einem Tempel mit Statuen und Bildern angebetet und verehrt - was für Juden ein absoluter Gräuel ist! So wie Josefs Brüder große Schwierigkeiten hatten, Josef wiederzuerkennen, so ist es den Juden heute kaum möglich zu erkennen, wer Jesus in Wahrheit ist. Wie sehr hat die Christenheit in all den Jahrhunderten das Bild Jesu in den Augen der Juden verfälscht! Aber der Tag wird kommen, an dem Israel sehen wird, wer Jesus ist. Dann werden sie sich in die Arme schließen, vielleicht mit Tränen in den Augen, wie es damals Josef und seinen Brüdern erging (siehe 1. Mose 45,2.14.15). Zu seiner Zeit und auf seine Weise wird Gott es tun. Denn *"Israel zieht hin zu seiner Ruhe" (Jer 31,2)*.

Was für ein großartiger Augenblick wird das sein! Aber diese Versöhnung ist nur eine Sache zwischen ihm und seinen Brüdern. Zu dem Zeitpunkt werden keine Nichtjuden daran beteiligt sein. Das wird deutlich an Gottes wiederholter Erklärung *"Ich will"* in Jeremia 31,31 - 35 (auf diesen Abschnitt bezieht sich auch Paulus in Römer 11,26.27). *"Ich will ... ich will ... ich will ..."*, sagt da der allmächtige Gott. Er wird aus Zion kommen und ihre Sünden wegnehmen. Er selbst wird das für Israels letzte Generation tun, für den Überrest, der zu jener Zeit in das Land Israel zurückgekehrt sein wird.

JUDEN KENNEN GOTT

Aber, wird manch einer fragen, wie steht es um die Juden, die gestorben sind, ohne an Jesus zu glauben? Sind sie gerettet oder auf ewig verloren? Dazu möchte ich Ihnen folgende Geschichte erzählen, die ich von einem jüdischen Freund habe. Er hat sie im Zweiten Weltkrieg als elfjähriger Junge in den polnischen Wäldern miterlebt. Eine Gruppe jüdischer Kinder, zu der auch er gehörte, wurde tief in die polnischen Wälder abgeführt, wo eine tiefe Grube ausgehoben war und Soldaten mit Maschinengewehren bereitstanden. Auf einmal brach der Junge aus der Kindergruppe aus und verschwand in Windeseile zwischen den Bäumen im dichten Unterholz. Aber von weitem, hinter einem Baum versteckt, beobachtete er, was geschah. Als die Kinder die Grube erreicht hatten, bat der Rabbiner, der sie begleitet hatte: "Darf ich noch mit den Kindern singen und beten?" Es wurde ihm erlaubt. Da sangen die Kinder mit dem Rabbiner zusammen: *"Der HERR ist mein Hirte, mir wird nichts mangeln" (Ps 23,1)* und alle weiteren Verse des wunderschönen dreiundzwanzigsten Psalms, die schon zu allen Zeiten so vielen Juden und Christen auf ihrem Sterbebett zum Trost geworden waren. *"Und ob ich schon wanderte im finstern Tal, fürchte ich kein Unglück; denn*

24

du bist bei mir, dein Stecken und Stab trösten mich" (V. 4).
Mir wird nichts mangeln, denn der Herr ist mein Hirte. Keines
der Kinder, auch nicht der Rabbiner, wusste von oder glaubte
an den Herrn Jesus als *dem* guten Hirten. Aber so gingen sie
in die Ewigkeit - mit den Worten ihrer eigenen jüdischen Psalmen aus ihrem Wort Gottes auf den Lippen. Wir vergessen
nämlich häufig, dass die Psalmen jüdisch sind, nämlich Israels
Psalmen, und meinen, es seien christliche Lieder. Mit den
Worten des ewigen Gottes, der Israel seine Worte offenbart
hat, gingen diese jüdischen Kinder und ihr Rabbi in die Ewigkeit. Juden wissen, wer Gott ist, und Gott kennt die Juden, sein
Volk, seinen erstgeborenen Sohn.

Sind diese Kinder und ihr Rabbi jetzt auf ewig gerettet? Wer
bin ich, dass ich darüber urteile? Sind sie auf ewig verloren,
weil sie Jesus nicht kannten? Ich werde mich dazu nicht äu-
ßern, sondern lege meine Hand auf meinen Mund. Darüber zu
entscheiden ist Gottes Sache. Bei ihm ist sie gut aufgehoben.
Hingegebene Juden kennen Gott, obwohl sie einen blinden Fleck
für Jesus haben. Wir vergessen zu häufig, dass wir es sind, die
ohne Christus waren, ausgeschlossen vom Bürgerrecht Israels
und Fremde außerhalb des Bundes der Verheißung, ohne
Hoffnung und ohne Gott in der Welt (siehe Eph 2,12). Durch
die Bibel, Gottes Wort, das Gott Israel offenbart hat, ist es uns
Heiden erst möglich, Gott kennenzulernen, zu ihm zu beten und
ihn anzubeten. Sowohl das Alte als auch das Neue Testament
wurde ausschließlich von Juden geschrieben, denn auch Lukas
war wahrscheinlich ein in der griechischen Diaspora lebender
hellenistischer Jude. Durch Jesus Christus, unseren Herrn, einen
Juden, wurden wir gerettet und eingepfropft in die Wurzel des
Neuen Bundes. Durch ihn erkennen und verehren wir jetzt den
einen Gott, den Schöpfer des Himmels und der Erde, den Gott
Abrahams, Isaaks und Jakobs, den Vater unseres Herrn Jesus
Christus. Wie Gott über sein Volk in der Ewigkeit entscheidet,
ist seine Sache. In seinem Zorn hat er in dieser Welt manchmal
gegen sein Volk gehandelt. Viele kamen in der Wüste um wegen
ihres Unglaubens und ihres Ungehorsams. Heißt das automatisch, dass sie auch in der Ewigkeit verloren sind? Israel bleibt

sein erstgeborener Sohn, über den allein Gott in der Ewigkeit und in der Auferstehung entscheiden wird. Diese Entscheidung steht uns nicht zu. Was glauben wir denn, wer wir sind?

Eine andere Frage: Sind Heiden, die Gott aufgrund seiner Werke in der Schöpfung als Gott erkannt und verehrt haben und die nach ihrem Gewissen, das sie Gut und Böse unterscheiden lehrte, zu leben versucht haben, auf ewig verloren, weil sie Jesus nicht kannten? Richtet Gott die Menschen nach dem, was sie von ihm wussten, oder nach dem, was sie nicht von ihm wussten? Paulus schreibt darüber im Römerbrief (siehe Röm 2,12 - 16). Wenn ein Mensch Gott nicht als Schöpfer geehrt und bewusst gegen sein Gewissen gehandelt hat, dann hat er ein ernstes Problem, und ebenso wird ein Jude, der die Thora kennt und vorsätzlich übertritt, große Probleme bekommen. Genauso hat ein Mensch, der christlich erzogen wurde und dann Jesus und dem christlichen Glauben bewusst den Rücken zukehrt, ernsthafte Schwierigkeiten. Er hat keine Entschuldigung, sondern das Schlimmste zu befürchten (siehe Röm 1,18 - 32). Die letzte Entscheidung aber bleibt einzig und allein Gottes Sache (siehe Röm 2,1 - 11).

Aber, könnte man einwenden, es steht doch geschrieben, dass Jesus sagt: *"Niemand kommt zum Vater denn durch mich" (Joh 14,6)*. Natürlich, das stimmt, denn Gottes Wort, sowohl das Alte als auch das Neue Testament, ist absolut wahr und zuverlässig. Es kommt niemand zum Vater als nur durch Jesus, ob er das weiß und bekennt oder nicht. Gott erschuf die Welt durch das Wort, durch die Thora, die von Ewigkeit her bei ihm war (siehe Joh 1,1 - 3). Das Wort hat schon vor allem Anfang vor ihm gespielt wie ein Kind beim Vater (siehe Spr 8,22 - 31). Er, Jesus, das Wort, das Fleisch wurde und unter uns wohnte, sagt Johannes (siehe Joh 1,14). Himmel und Erde und alle Dinge sind durch ihn geschaffen (siehe Kol 1,15 - 20), Gott schuf die Welt durch sein Wort, durch die Thora. Alles kommt durch ihn, den präexistenten Christus, ins Dasein. Und ebenso führt der Weg zurück zu Gott durch ihn zum Vater, ob man sich dessen bewusst ist oder nicht; ob man es weiß und glaubt oder nicht. Die Bibel sagt es. Er dient als himmlischer Hohe-

priester an dem goldenen Räucheraltar, damit die Gebete der Menschen geheiligt und gereinigt vor Gott erscheinen. Niemand kommt zum Vater denn durch ihn. Echte Anbetung geschieht im Geist und in der Wahrheit, immer und überall. Sie ist eine Offenbarung Gottes im Herzen. Alles fließt vom Vater durch das Wort und kehrt zu ihm zurück durch dasselbe Wort, das Fleisch ward und unter uns wohnte.

Was für ein Tag wird das sein, wenn auch Israel erkennen darf, wer Jesus ist. Und dieser Tag kommt! Sacharja sagt: *"Aber über das Haus David und über die Bürger Jerusalems will ich ausgießen den Geist der Gnade und des Gebets. Und sie werden mich ansehen, den sie durchbohrt haben, und sie werden um ihn klagen, wie man klagt um ein einziges Kind, und werden sich um ihn betrüben, wie man sich betrübt um den Erstgeborenen"* (Sach 12,10). Gottes erstgeborener Sohn Israel wird über seinen Erstgeborenen, über Gottes einzig gezeugten Sohn Jesus, in tiefer Trauer sein!

Das ganze Land, alle Geschlechter, Männer und Frauen getrennt, werden um ihn klagen. Was für ein Augenblick des Wiedererkennens wird das sein! Und wer weiß, wie bald schon? Der Herr führt sein Volk heim nach Israel, weil das der Ort ist, an dem er ihm begegnen möchte. Es ist auf dem Weg, um für ewig in seinen eigenen Neuen Bund eingepfropft zu werden, um für die ganze Welt zum Segen zu sein. *"Israel zieht hin zu seiner Ruhe."*

Die Christenheit ist nicht an Israels Stelle gerückt, ebenso wenig, wie die Taufe an die Stelle der Beschneidung trat. Israel ist Israel, und die christliche Gemeinde ist die christliche Gemeinde. Gott wird alle seine Verheißungen für Israel erfüllen und ebenso alle seine Verheißungen für die Gemeinde. Wir müssen aufhören, beide miteinander zu verwechseln oder das eine durch das andere zu ersetzen, wie es leider so oft geschehen ist!

3 DAS ERSTE "BIS": DIE WIEDERKUNFT DES SOHNES DAVIDS

"Jerusalem, Jerusalem, die du tötest die Propheten und steinigst, die zu dir gesandt sind! Wie oft habe ich deine Kinder versammeln wollen, wie eine Henne ihre Küken versammelt unter ihre Flügel; und ihr habt nicht gewollt! Siehe, 'euer Haus soll euch wüst gelassen werden'. Denn ich sage euch: Ihr werdet mich von jetzt an nicht sehen, **bis** *ihr sprecht: Gelobt sei, der da kommt im Namen des Herrn!" (Mt 23,37 - 39).*

In meiner Kinder- und Jugendzeit haben wir in Holland den Palmsonntag noch richtig gefeiert. Es gab in Brotteig gebackene Hähnchen auf speziellen Holzspießen, bunte Bänder, Eier, Orangen, grüne Zweige und Blätter, besondere Feiertagslieder - alles, um den Palmsonntag festlich zu begehen, jenen Tag, an dem Jesus, umgeben von der jubelnden Volksmenge, in die Stadt Jerusalem einzog.

Was war das für ein Triumph gewesen, als Israel ihm zurief: "Gelobt sei, der da kommt in dem Namen des Herrn!" Scharen von Menschen liefen voraus und folgten ihm hinterher, sie trugen Palmzweige in den Händen und breiteten ihre Kleider auf dem Weg aus. Und er, Jesus, erfüllte, als er auf einem Esel darüber hinweg ritt, die Worte des Propheten Sacharja:

"Siehe, dein König kommt zu dir, ein Gerechter und ein Helfer, arm und reitet auf einem Esel, auf einem Füllen der Eselin" (Sach 9,9; siehe Mt 21,1 - 11).

Große Erwartung erfüllte die Bewohner Jerusalems. Es ist klar, dass jedermann wusste, dass Jesus aus dem Geschlecht des Königs David stammte. Bei verschiedenen Gelegenheiten war er als "Sohn Davids" angesprochen worden. Der blinde Bettler in Jericho hatte geschrien: *"Jesus, du Sohn Davids, erbarme dich meiner!" (Lk 18,38).* Was sie wahrscheinlich nicht wussten, war, dass Jesus von beiden Abstammungslinien her ein Sohn Davids war. Nach der einen Linie über seine Mutter Maria und nach der anderen über die seines Adoptivvaters Josef. Über die eine Linie stammte er direkt von Salomo ab (siehe Mt 1,6.7), der nach David den Thron Israels bestiegen hatte; über die andere Linie von Nathan (siehe Lk 3,31), einem der anderen Söhne Davids (siehe 1. Chr 3,5; 14,4). Salomo war der letzte König über ein vereintes Israel gewesen. Nach ihm wurde das Land in zwei getrennte Reiche geteilt. Die zehn nördlichen Stämme bildeten das Reich Israel und die zwei südlichen Stämme das Reich Juda (siehe 1. Kön 11,9 - 13). Israel lag in dem Gebiet von Samarien und hatte Samaria als Hauptstadt, Juda lag in dem Gebiet von Judäa und hatte Jerusalem als Hauptstadt. Nathan erscheint als Sohn Davids in der Abstammungslinie von Maria, Salomo in der Linie von Josef.

Aus Josefs Linie stammte aber auch ein gewisser Konja (das ist der König Jojachin, siehe auch Mt 1,11), von dem Jeremia prophezeit: *"Schreibt diesen Mann auf als einen, der ohne Kinder ist, einen Mann, dem sein Leben lang nichts gelingt! Denn keiner seiner Nachkommen wird das Glück haben, dass er auf dem Thron Davids sitze und in Juda herrsche" (Jer 22,30).* Weil Gottes Wort zuverlässig ist, war damit ein für alle Mal klargestellt, dass keiner von Konjas Nachkommen jemals wieder auf dem Thron Davids sitzen wird, obwohl sie ihre Abstammung über die formelle Königslinie auf Salomo zurückführen konnten. Auch wenn die Juden überzeugt gewesen wären, dass Jesus über seinen Adoptivvater Josef einen legalen Anspruch auf den Thron seines Vaters David gehabt hätte, so ist diese Linie doch durch die Worte des Propheten Jeremia ein für alle Mal von der Thronfolge ausgeschlossen. Aber über Maria, als leiblichem Nachkommen von Davids Sohn Nathan, stand Jesus der Weg zum Thron offen.

Es gibt natürlich noch andere Gründe dafür, weshalb Jesus kein biologisches Kind Josefs sein durfte. Hatte Gott nicht schon am Anfang kurz nach der Schöpfung gesagt, dass aus dem Samen einer Frau der Erlöser geboren werden sollte, der

der Schlange den Kopf zertreten würde (siehe 1. Mose 3,15)? Hatte Jesaja nicht prophezeit, dass eine Jungfrau schwanger sein und einen Sohn gebären würde, der Immanuel, "Gott mit uns", heißen würde (siehe Jes 7,14; Mt 1,23)? Jesus musste notwendigerweise außerhalb der Linie Adams stehen, durch dessen Fall alle seine Nachkommen zu Sündern geworden sind. Wäre Jesus ein leiblicher, natürlicher Sohn Josefs gewesen, hätte auch er unter der Herrschaft der Sünde gestanden. Dabei ist folgendes sehr interessant: Adam aß von der verbotenen Frucht, die ihm Eva gegeben hatte, und erst dann kam die Sünde in die Welt, obwohl doch Eva schon zuvor davon genommen und gegessen hatte! Paulus sagt, dass sie, nicht Adam, von der Schlange verführt worden ist (siehe 1. Tim 2,14), dennoch war es Adams Tat, durch die die Sünde in die Welt kam (siehe Röm 5,12 - 19). Offensichtlich war er sich der Bedeutung seiner Tat voll bewusst und daher auch verantwortlich. Wie auch immer, Jesus musste vollkommen frei von Sünde sein (siehe Röm 5,18; Hebr 4,15), um das fehlerlose Opferlamm sein zu können, das der Welt Sünde trägt. Aber auch, um dereinst auf dem Thron David sitzen zu können und in Ewigkeit als König über Jakob zu herrschen (siehe Lk 1,32.33), - so hatte es ja der Engel Gabriel der Maria gesagt - war es notwendig, dass er außerhalb der biologischen Abstammungslinie Josefs stand, eben wegen Gottes Wort über Konja.

NOCH EINMAL JUBEL

Nach den Worten des Evangelisten Matthäus ruft die ihn begleitende Volksmenge, als Jesus auf dem Esel (einem Tier des Friedens), und nicht auf einem Pferd (das damals als Sinnbild für Krieg galt), in Jerusalem Einzug hielt: *"Hosianna dem Sohn Davids! Gelobt sei, der da kommt in dem Namen des Herrn! Hosianna in der Höhe!"* (Mt 21,9).

Nach dem Bericht des Lukas ruft die Menge: *"Gelobt sei, der da kommt, der König, in dem Namen des Herrn!"* (Lk 19,38).

Derselbe Lukas fährt fort: *"Und als er nahe hinzukam, sah er die Stadt und weinte über sie und sprach: Wenn doch auch du erkenntest zu dieser Zeit, was zum Frieden dient!*

Aber nun ist's vor deinen Augen verborgen" (Lk 19,41.42).
Jesus blickt weit jenseits der jubelnden Schar, die ihn umgab:
*"Denn es wird eine Zeit über dich kommen, da werden
deine Feinde um dich einen Wall aufwerfen, dich belagern
und von allen Seiten bedrängen und werden dich dem
Erdboden gleichmachen samt deinen Kindern in dir und
keinen Stein auf dem andern lassen in dir, weil du die Zeit
nicht erkannt hast, in der du heimgesucht worden bist"*
(Lk 19,43.44). Erinnern Sie sich? *"Sein Blut komme über
uns und unsere Kinder!" (Mt 27,25).*

Jesus weiß, dass sein Einzug in Jerusalem dieses Mal der
Weg zum Kreuz und nicht zum Thron seines Vaters David sein
wird. Er weiß, dass er freiwillig sein Leben lassen wird (siehe
Joh 10,17.18), um als der wahre Friedefürst den wahren Frieden zwischen Gott und Menschen zustande zu bringen, indem
er die Sünde abtut. Er weiß, dass dies zuerst geschehen muss,
bevor sein Reich anbrechen kann. Er weiß aber auch, dass die
Volksmengen Jerusalems eines Tages erneut jauchzen werden:
"Gelobt sei, der da kommt in dem Namen des Herrn!"

Vor seinem geistigen Auge sieht Jesus zuerst das Kreuz,
danach seine Auferstehung und Himmelfahrt und dann den
furchtbaren Fall der Stadt Jerusalem, die Zerstörung des Tempels im Jahre 70 nach Christus durch die römischen Legionen
und die fast zweitausend Jahre während Zerstreuung des
jüdischen Volkes über die ganze Welt. Dann auf einmal -
wiederum die Stadt Jerusalem, wieder eine jüdische Nation
und wieder ein triumphaler Einzug und der Jubelruf: "Gelobt
sei, der da kommt in dem Namen des Herrn!"

"Ihr werdet mich von jetzt an nicht sehen", hatte er gesagt.
Aber er hatte nicht gesagt: "Ihr werdet mich von jetzt an
niemals mehr sehen". Israel wird ihn nicht mehr sehen, **bis** es
ihn als den großen Sohn Davids, der den Thron seines Vaters
David in Jerusalem ersteigen wird, erneut mit den Worten
willkommen heißt: "Gelobt sei, der da kommt in dem Namen
des Herrn!" Denn eines Tages wird er König sein über das
Haus Jakob, genau wie der Engel Gabriel es gesagt hat.

Es handelt sich hier nicht um ein geistliches, himmlisches

Königtum. Nach seiner Himmelfahrt ist Jesus nicht zu David im Himmel gegangen und hat zu ihm gesagt: "Entschuldige bitte, aber jetzt muss ich hier im Himmel auf deinem Thron sitzen und von hier aus über Jakob herrschen, also bitte, mach Platz!" Sicher, seit der Himmelfahrt ist Jesus alle Gewalt im Himmel und auf Erden gegeben, und er sitzt mit seinem Vater, dem ewigen Gott, auf dessen Thron (siehe Mt 28,18 - 20; Offb 3,21). Aber dann, bei seiner Wiederkunft, wird er auf dem Thron seines Vaters David in Jerusalem sitzen (siehe Lk 1,32; Ps 89,36 - 38).

Noch eine kurze Zeit der Finsternis wird über die ganze Welt kommen, dann aber ist es soweit. Der "Schauplatz" im Nahen Osten wird bereits vorbereitet mit einem neu erbauten Jerusalem in einem neu gegründeten Staat Israel, mit einem wiederhergestellten jüdischen Volk, umgeben von einem neuen "römischen" Reich und all den anderen alttestamentlichen Feinden in den arabisch-islamischen Ländern. Neben dem Wunder der nationalen Wiederherstellung Israels in unseren Tagen ist ja auch das zeitgleiche Wiederaufstehen von Israels alten Feinden ein bemerkenswertes Zeichen. Jesus hatte ja gesagt: *"Seht den Feigenbaum und alle Bäume an: wenn sie jetzt ausschlagen und ihr seht es, so wisst ihr selber, dass jetzt der Sommer nahe ist. So auch ihr: wenn ihr seht, dass dies alles geschieht, so wisst, dass das Reich Gottes nahe ist" (Lk 21,29 - 31).* Nicht nur der Feigenbaum Israel, sondern der ganze "Wald" ringsum, alle feindlichen Länder, sind wieder an ihrem alten Platz. Das Warten gilt nur noch dem "Hauptdarsteller" auf der Weltbühne, der diesen finsteren Akt der Weltgeschichte zu einem wirklichen "Happy End" bringen wird. Ein Happy End für Israel, denn Israel zieht hin zu seiner Ruhe, und auch für uns, weil auch wir mit Israel, wenn auch auf andere Weise, zu seiner Ruhe kommen werden.

Bemerkenswert übrigens, dass Jesus von Betfage am Ölberg aus (siehe Mt 21,1) in die Stadt einzieht und dass der Prophet Sacharja seine Wiederkunft ebenfalls vom Ölberg aus in die Stadt vorhersieht (siehe Sach 14,4). Von dort her, von Osten, sah auch Hesekiel die Herrlichkeit Gottes in den künftigen

Tempel des Messias zurückkehren (siehe Hes 43,1 - 7).

DAS GRÄUELBILD DER VERWÜSTUNG

Nachdem Jesus diese prophetischen Worte über die Zukunft Jerusalems ausgesprochen hat, verlässt er den Tempel und geht fort (siehe Mt 24,1). Diese Erwähnung ist bedeutungsvoll: Er wird nicht mehr dorthin zurückkehren, denn alles, wovon der Tempel spricht, ist in ihm, in seinem Leib, vorhanden. Und dieser Tempel sollte abgebrochen und - in drei Tagen wieder aufgerichtet werden (siehe Joh 2,18 - 22; Mt 26,61; 27,40)!

Am dritten Tag sollte er auferstehen aus den Toten.

Wie lieb hatte Jesus den Tempel in Jerusalem! Wütend wandte er sich gegen das florierende Geschäft, zu dem die Religion - auch damals schon - geworden war. Mit einer Geißel trieb er alle und alles, Rinder und Schafe samt den Wechslern, aus dem Tempel. Das Geld der Wechsler schüttete er auf den Boden, ihre Tische stieß er um. Zu den Taubenverkäufern (Tauben waren Opfer für die Armen) war er etwas milder. Aber auch ihnen befahl er, mit ihrer Ware zu verschwinden (siehe Joh 2,14 - 16). Der Eifer um Gottes Haus fraß ihn (Vers 17, siehe auch Ps 69,10). Als er und seine Jünger in Jerusalem waren, waren sie täglich im Tempel zu finden (siehe Lk 19,47). Als Junge, noch bevor er "Bar-Mizwa", Sohn des Gesetzes, geworden war, wie jeder jüdische Junge in diesem Alter, war er ohne seine Eltern im Tempel zurückgeblieben, weil er dort in dem sein wollte, was seines Vaters ist (siehe Lk 2,41 - 52).

Jetzt verlässt er seinen geliebten Tempel und geht mit seinen Jüngern auf den Ölberg, der eine wunderschöne Aussicht auf die Stadt bietet, besonders auf die beeindruckenden Gebäude des Tempels. Als seine Jünger ihn stolz auf die prachtvollen Bauten auf dem Tempelberg hinweisen, der von Herodes außerordentlich verschönert worden war, sagt Jesus: *"Wahrlich, ich sage euch: Es wird hier nicht ein Stein auf dem andern bleiben, der nicht zerbrochen werde"* (Mt 24,2).

Mit schaudererregender Präzision ging diese Prophetie vierzig Jahre später, im Jahr 70 nach Christus, in Erfüllung. Lukas berichtet, was Jesus gesagt hat: *"Wenn ihr aber sehen werdet, dass Jerusalem von einem Heer belagert wird, dann erkennt, dass seine Verwüstung nahe herbeigekommen ist. Alsdann, wer in Judäa ist, der fliehe ins Gebirge, und wer in der Stadt ist, gehe hinaus, und wer auf dem Lande ist, komme nicht herein. Denn das sind die Tage der Vergeltung, dass erfüllt werde alles, was geschrieben ist. Weh aber den Schwangeren und den Stillenden in jenen Tagen! Denn es wird große Not auf Erden sein und Zorn über dies Volk kommen, und sie werden fallen durch die Schärfe des Schwertes und gefangen weggeführt unter alle Völker, und Jerusalem wird zertreten werden von den Heiden, bis die Zeiten der Heiden erfüllt sind"* (Lk 21,20 - 24). Am Ende des Bar-Kochba-Aufstandes 135 nach Christus wurde Jerusalem erneut erobert, fast vollständig geschleift und als römische Stadt namens Aelia Capitolina wieder aufgebaut, für Juden verboten. *"Jerusalem wird zertreten werden von den Heiden, bis die Zeiten der Heiden erfüllt sind"* (das zweite "bis", aber darüber mehr im nächsten Kapitel).

"Siehe, euer Haus soll euch wüst gelassen werden", hatte er gesagt, *"bis ihr sprecht: Gelobt sei, der da kommt im Namen des Herrn!"* (Mt 23,38.39). Noch vor dem Kreuz und der Auferstehung (es ist zwei Tage vor dem Passafest, an dem er überantwortet werden sollte, um gekreuzigt zu werden, siehe Mt 26,1.2) weissagt er, auf dem Ölberg sitzend, über seine Wiederkunft. Nach Jahrhunderten der "Zeichen" (siehe zum Beispiel Mt 24,3 - 14; Offb 6) sieht er dann erneut Jerusalem umzingelt. Er sieht "an der heiligen Stätte", vielleicht dem wiedererbauten Tempel, das "Gräuelbild der Verwüstung" stehen, von dem der Prophet Daniel schon prophezeit hat. Und wiederum rät er den Juden jener zukünftigen Zeit zu fliehen: *"Bittet aber, dass eure Flucht nicht geschehe im Winter oder am Sabbat. Denn es wird dann eine große Bedrängnis sein, wie sie nicht gewesen ist vom Anfang der Welt bis jetzt und auch nicht wieder werden wird "* (Mt 24,20.21). - Im Winter, der Regenzeit, kann das Wetter sehr schlecht sein, und am Sabbat ruht jeglicher Verkehr.

34

Dies alles ging noch nicht vollständig in Erfüllung, als im Jahre 70 nach Christus die römischen Legionen Jerusalem und den Tempel einnahmen. Es war damals kein Gräuelbild der Verwüstung im Tempel und keine Entweihung vergleichbar jener des Antiochus Epiphanes 167 vor Christus, als dieser griechisch-syrische Gewaltherrscher den Juden verbot, sich beschneiden zu lassen und den Sabbat zu feiern. Er stellte ein Bild des griechischen Gottes Zeus (Jupiter) im Tempel auf und schlachtete auf dem Altar als Opfer ein Schwein, für Juden das unreinste aller Tiere, das nach dem mosaischen Gesetz nicht gegessen, geschweige denn geopfert werden durfte. Sein Vorgehen entfachte den Aufstand der Makkabäer, der von den Juden gewonnen wurde. Danach wurde der Tempel gereinigt und neu geweiht, um ihn wieder zum Dienst für den einen wahren Gott in Gebrauch zu nehmen. Noch heute wird jedes Jahr, so etwa in der Weihnachtszeit, das Chanukkafest von den Juden gefeiert, um dieses Sieges und der erneuten Weihe des Tempels zu gedenken.

Einen ähnlichen "Gräuel" wie den des Antiochus Epiphanes sieht Jesus für die Endzeit voraus, wenn Jerusalem als Stadt und möglicherweise auch der Tempel wiederaufgebaut sein wird.

WANN WIRD ER WIEDERKOMMEN?

Diese Frage wird immer wieder gestellt, zu allen Zeiten. Trauen Sie niemandem, der auf diese Frage mit komplizierten Berechnungen oder netten Schautafeln und Diagrammen antwortet, so als hielte er einen Zugfahrplan in der Hand! Die Bibel ist kein Puzzlespiel! Niemand weiß die Antwort auf diese Frage, *"auch die Engel im Himmel nicht, auch der Sohn nicht"* (Mt 24,36). Allein der Vater kennt den Zeitpunkt, an dem er zu seinem Sohn sagen wird: "Jetzt kehre auf die Erde zurück, um alle meine Verheißungen über das kommende Reich zu erfüllen". Aus diesem Grund sollen wir jeden Tag bereit sein.

Als die Jünger auf dem Ölberg saßen, fragten sie Jesus, wann er kommen würde, aber Jesus gibt ihnen keine direkte Antwort auf ihre Frage. Was er aber ihnen (und uns) sagt, ist:

"Seht zu, dass euch nicht jemand verführe" (Mt 24,4). Zuerst kommen falsche Christusse, falsche Propheten, Kriege, Hungersnöte, Hass, Ungerechtigkeit, Erdbeben, die Liebe wird in vielen erkalten, Jerusalem wird fallen und die Juden werden über die ganze Welt zerstreut. Aber es werden auch positive Zeichen sein: Erstens, das Evangelium vom Reich wird in der ganzen Welt gepredigt werden zum Zeugnis für alle Völker, also in der ganzen heidnischen, nichtjüdischen Welt (siehe Mt 24,14). Zweitens, die Rückkehr der Juden in das Land Israel wird geschehen, die Wiederherstellung des Feigenbaumes, der wieder ausschlägt, neue Blätter treibt, neues Leben erlangt (siehe Lk 21,29 - 31). Und dann wird das Ende kommen. Dann ist das Reich Gottes nahe. Jerusalem wird wieder auf der Weltbühne erscheinen, das Gräuelbild der Verwüstung wird an der heiligen Stätte stehen, und es wird große Bedrängnis sein, wie sie nie zuvor gewesen ist, aber um der Auserwählten willen werden diese Tage verkürzt, sonst würde kein Mensch selig werden.

Sind wir bereit für sein Kommen? Sind Sie es?

Nicht nur, dass die Zeichen der Zeit immer stärker darauf hindeuten, dass er sehr bald kommen kann, - die Juden sind wieder eine Nation in ihrem eigenen Land, und Jerusalem und viele andere zerstörte Städte in Israel sind wieder aufgebaut - sondern vor allem kann es jeden Moment geschehen, dass er kommt, um seinen Engeln Befehl zu geben, Sie zu ihm zu entrücken. Jeden Augenblick kann er Sie und mich und viele andere zu sich holen! Dann werden wir ihn sehen, wie er ist (siehe 1. Joh 3,2)! Wer immer ihm jetzt die Ehre gibt, wer vor seinem Kreuz niederkniet, ihn als seinen Erlöser und Herrn annimmt und seine Sünden bekennt, der empfängt die Reinigung durch sein vergossenes Blut und darf wissen: "Ich gehöre zu ihm. Er ist mein Herr und Heiland. Meine Heimat ist im Himmel, und wenn er kommt, werde ich für immer bei ihm sein und teilhaben an seinem zukünftigen Reich in Ewigkeit!"

4 DAS ZWEITE "BIS": DIE ZEITEN DER HEIDEN

"Denn es wird große Not auf Erden sein und Zorn über dies Volk kommen, und sie werden fallen durch die Schärfe des Schwertes und gefangen weggeführt unter alle Völker, und Jerusalem wird zertreten werden von den Heiden, **bis** *die Zeiten der Heiden erfüllt sind" (Lk 21,23.24).*

Es ist eine Tatsache, dass wir alle vier Evangelien brauchen, das des Matthäus, des Markus, des Lukas und das des Johannes. Sie widersprechen sich nicht, sondern ergänzen einander, auch wenn es manchmal schwierig sein kann, die genaue zeitliche Abfolge bestimmter Ereignisse festzulegen, von denen sie berichten. Aber wer sich mit den scheinbaren Widersprüchen befasst und betend darüber nachdenkt, wird es immer wieder erfahren, dass der Herr ihm mehr Erkenntnis schenkt. Jedenfalls ist das bis heute, aller "wissenschaftlichen Bibelkritik" zum Trotz, seit vielen Jahren meine persönliche Erfahrung.

Matthäus konzentriert sich in seiner Wiedergabe der Rede Jesu über die letzten Tage vor allem auf die ferne Zukunft. Er sieht ein wiederaufgebautes Jerusalem, das Gräuelbild der Verwüstung an der heiligen Stätte und eine große Bedrängnis, wie es sie nicht gegeben hat und sie auch nie mehr sein wird (siehe Mt 24,15 - 22). Lukas betont in seiner Wiedergabe dieser Endzeitrede besonders die nahe Zukunft, also die Ebene einer baldigen Erfüllung: der bevorstehende Fall Jerusalems und die weltweite Zerstreuung des jüdischen Volkes unter den heidnischen (nichtjüdischen) Völkern der Welt, sozusagen das "römische" Exil. In dramatischen Bildern wurden diese Ereignisse auf dem Triumphbogen des nachmaligen Kaisers Titus in Rom dargestellt. Er war der General, der Jerusalem eroberte und Stadt und Tempel zerstörte. Jüdische Kriegsgefangene sind darauf abgebildet, in Stein gemeißelt, zusammen mit den geraubten Tempelschätzen, unter ihnen die Menora, der siebenarmige goldene Leuchter. Unzählige wurden getötet, zahllose als Sklaven verkauft. Die Sklavenmärkte wurden in jenen Tagen so von jüdischen Sklaven überschwemmt, dass die Preise für Sklaven dramatisch fielen.

Jerusalem wird unter den Füßen der Heiden zertreten werden, bis die Zeiten der Heiden erfüllt sind, sagte Jesus. Wann werden diese Zeiten erfüllt sein? Bei der Wiederkunft Jesu in Herrlichkeit!

Der Titel des Buches der Offenbarung bedeutet eigentlich "Enthüllung", wie bei einer Statue, wenn sie vor aller Augen öffentlich enthüllt wird. Das Buch der Offenbarung enthüllt Jesus Christus und zeigt uns sein für alle sichtbares Erscheinen bei seinem Kommen in Herrlichkeit. Es zeigt uns auch die Stadt Jerusalem, wie sie von den Heiden zertreten wird bis an das Ende der allerletzten und schwersten Zeit der Bedrängnis oder Trübsal (siehe Offb 11,2). Erst wenn Jesus selbst erscheint, wird er die heidnischen Völker mit eisernem Zepter zerschlagen und sie wie Töpfergeschirr zerschmettern (siehe Ps 2,9; Offb 19,11 - 16). Erst zu der Zeit, wenn seine Füße erneut auf dem Ölberg stehen werden, von dem aus er einst in den Himmel aufgefahren war (siehe Apg 1,9 - 11), werden all jene Nationen geschlagen, die sich zum Kampf gegen Jerusalem versammelt hatten (siehe Sach 12,2.3; 14,2-7; Joel 4,12-17).

Dann wird Jerusalem nicht mehr von den Heiden zertreten werden.

DAS ENDE DER ZEITEN DER HEIDEN

Wir sind auf dem Weg zu jenem glorreichen Augenblick. Die Zeiten der Heiden nähern sich allmählich ihrem Ende. Manche behaupten, die Zeiten der Heiden seien bereits zu Ende gegangen. "Das war 1948", sagen sie, "als Israel wieder als jüdischer Staat gegründet worden ist." Trotz der vielen gewaltigen Probleme, denen Israel sich gegenübersieht, hat es 1998 sein 50-jähriges Bestehen feiern können, sozusagen sein erstes Erlassjahr (siehe 3. Mose 25,8 - 13.23), obwohl das eigentliche religiöse Erlassjahr erst ein paar Jahre später begangen wurde. "Aber auf jeden Fall", sagen sie, "sind die Zeiten der Heiden spätestens 1967 zu Ende gegangen, als die Stadt Jerusalem durch den Sechs-Tage-Krieg wiedervereinigt und zur ungeteilten Hauptstadt des Staates Israel erklärt worden ist."

In jenem Jahr befreite Israel Ost-Jerusalem aus der Besetzung durch Jordanien, unter der ein Teil der Stadt seit der Ausrufung des jüdischen Staates 1948 gelitten hatte. In diesen 19 Jahren war Ost-Jerusalem übel zugerichtet worden, wobei zahllose jüdische Synagogen zerstört oder als öffentliche Toiletten missbraucht wurden. Aber jene 19 Jahre, nicht mehr als ein Wimpernschlag in Jerusalems dreitausendjähriger Geschichte, waren die einzige kurze Periode, in der Jerusalem jemals eine geteilte Stadt war, so dass jeder palästinensische Anspruch auf irgendeinen Teil der Stadt keinen einzigen historischen Anhalt hat. Später hat Israel Jerusalem zur ungeteilten Hauptstadt des unabhängigen Staates Israel ausgerufen. Jene, die behaupten, dass schon 1967 die Zeiten der Heiden zu Ende gegangen seien, verweisen daher auf dieses Ereignis. "Seht doch selbst", sagen sie, "Jerusalem wird nicht mehr von den Heiden zertreten!" Aber stimmt das wirklich? Herrschen nicht doch in Wirklichkeit Heiden über Jerusalem? Ist es nicht so, dass Europa und die Vereinten Nationen unablässig versuchen, Israel vorzuschreiben, was es mit seinem eigenen Land und seiner eigenen Stadt Jerusalem zu tun und zu lassen hat? Und die arabische Welt hat den Tempelberg, den heiligsten jüdischen Ort in Jerusalem, unter ihrer Kontrolle!

Auch die Heilige Schrift scheint in eine andere Richtung zu deuten. Wie wir schon erkannt haben: Erst beim Kommen des Messias, der Wiederkunft Christi, sind die Zeiten der Heiden vorbei. Eine wichtige Tatsache dürfen wir dabei nicht aus dem Blickfeld verlieren: Zur heiligsten Stätte Jerusalems im Herzen der Stadt haben Juden bis auf den heutigen Tag keinen ungehinderten Zutritt. Dort regieren Heiden. Über den Tempelberg hat die islamische Welt das Sagen. Dort gilt noch immer: "Für Juden verboten!"

An jener Stelle stand einst der Tempel. Dort, auf dem Berg Morija, das ist der biblische Berg Zion, war Abraham durch seinen Glauben und im Vertrauen auf den Herrn bereit, seinen

Sohn Isaak zu opfern (siehe 1. Mose 22,1 - 19), denn er dachte, dass Gott seinen Sohn auch von den Toten erwecken könne, was ja, sozusagen gleichnishaft gesprochen, auch so geschah (siehe Hebr 11,17 - 19). An dieser Stätte wollte Gott seinen Namen wohnen lassen (siehe 5. Mose 12,11). Er ließ König David den genauen Ort finden (siehe 1. Chr 21,18 - 22,1), und sein Sohn Salomo baute dort den Tempel (siehe 1. Kön 5,15 - 7,51). Dort wurde, nach der babylonischen Gefangenschaft, unter der Leitung von Serubbabel und dem Priester Jeschua, der von König Nebukadnezar zerstörte Tempel wiederaufgebaut. Er war zwar größer, aber weniger prachtvoll als Salomos Tempel, und bei seiner Grundsteinlegung war sowohl lautes Jauchzen als auch lautes Weinen zu hören (siehe Esra 3,10 - 13).

Jener Tempel, den König Herodes (der Herodes, der später den Kindermord in Bethlehem befahl) enorm vergrößert und verschönert hatte, wurde 70 nach Christus von Titus zerstört. An dieser Stelle stehen heute zwei islamische Heiligtümer, nämlich der sogenannte Felsendom und die Al-Aksa-Moschee. Es ist also wahr: Diese Stätte wird nach wie vor von Heiden zertreten. Araber haben dort das Sagen.

Handelt es sich denn bei dem Islam um die Anbetung des gleichen Gottes, den auch Israel verehrt? Um den Gott Abrahams, Isaaks und Jakobs, den Vater unseres Herrn Jesus Christus? Ist Allah dieser Gott? Auf keinen Fall! An dem Felsendom sind außen und innen umlaufend verschiedene Koranverse angebracht, die alle nur eine Aussage haben: "Allah hat keinen Sohn"!

ISLAMISCHES MACHTSTREBEN

Dagegen sagt die Heilige Schrift, dass der Vater *"seinen eingeborenen Sohn gab, damit alle, die an ihn glauben, nicht verloren werden, sondern das ewige Leben haben"* *(Joh 3,16).* Der Koran verkündet klar und deutlich, dass Allah einer sei und dass es weder einen ewigen Sohn Gottes noch einen Heiligen Geist als drei Personen des einen Gottes gebe. Auf dem Tempelberg und in der Al-Aksa-Moschee, dem zweiten islamischen Heiligtum auf dem Tempelberg, wird regelmäßig Hass gegen Juden gepredigt. Wie kann man dann von demselben Gott ausgehen? Allah leugnet, dass er einen Sohn hat, und seine Nachfolger, beispielsweise fundamentalistische Gruppen wie Hamas, Hisbollah und die iranischen Ayatollahs, verbreiten den Hass auf das jüdische Volk, während die Bibel lehrt, dass Gott, der Vater unseres Herrn Jesus Christus, auch der Gott Abrahams, Isaaks und Jakobs und dass Israel sein erstgeborener Sohn ist (siehe 2. Mose 4,22.23). Wie könnte Allah zugleich der Gott der Bibel sein? Eine der Parolen der Hamas lautet ganz eindeutig: "Am Samstag töten wir die Juden, und am Sonntag töten wir die Christen".

Natürlich verehren viele Moslems, die im Islam aufgewachsen und als Moslems erzogen worden sind, in Allah mit aufrichtigem Herzen nach ihrer Erkenntnis den einzig wahren Gott, dem sie von ganzem Herzen zu dienen suchen. Aber an den Früchten erkennt man den Baum. Wer Gott wirklich kennt und ihm dient, dessen Herz ist von Liebe erfüllt und nicht von Hass, denn Gott ist die Liebe. Wer den einen wahren Gott im Herzen hat, der hat Liebe im Herzen. Auch und gerade Christen sollten sich dessen bewusst sein. Wer die hasserfüllten Predigten der Kirchenväter, der mittelalterlichen Kirche, ja sogar Martin Luthers und vieler anderer Prediger gegen die Juden liest, der wird schaudernd erkennen, dass dies nicht von Gott sein kann, nicht von Jesus Christus, sondern aus einer finsteren Quelle, getarnt in "christlichem" Gewand. Der Islam wurde, wie die Geschichte zeigt, mit Feuer und Schwert verbreitet. Zweimal wurde Europa fast überrannt. Wurden sie beim ersten Mal im Jahre 732 von den Rittern des Frankenkönigs Karl Martell in den Pyrenäen nur mit Mühe aufgehalten, so standen die islamischen Heere im sechzehnten Jahrhundert bereits vor den Toren Wiens. Die Eroberung der Welt durch den Islam ist für Moslems zugleich Verheißung und Verpflichtung, verankert im Koran. Der Dschihad, oder "Heiliger Krieg", ist offizielle Glaubenslehre des Islam. Nur wer in Ausübung des Dschihad den Tod findet, kann laut Koran gewiss sein, dass er geradewegs in das Paradies kommt. Ansonsten

kann sich ein Moslem nie seines ewigen Schicksals gewiss sein. Er kann nur hoffen, dass alles gut geht und er im Gericht von Allah angenommen wird. Also widmen viele Moslems sich konsequent den durch den Islam auferlegten religiösen Pflichten. Die fünf wichtigsten sind:
- Das ständig wiederholte Bekenntnis des Glaubens an den einen Gott Allah (Schahada);
- Das vorgeschriebene rituelle Gebet fünfmal am Tag in Richtung auf die heilige Stadt Mekka (Salat);
- Die Entrichtung der Religionssteuer, auch Armensteuer oder Almosen genannt (Zakat);
- Das Fasten (Saum) während des ganzen Monats Ramadan, wobei erst nach Sonnenuntergang gegessen und getrunken werden darf;
- Die Pilgerreise (Hadsch) nach Mekka mindestens einmal im Leben, möglichst aber öfter.

Das sind die sogenannten fünf "Säulen des Islam". Einige Moslems halten den Dschihad, den "Heiligen Krieg", für die sechste Säule.

Der Islam herrscht über das Herz Jerusalems, er kontrolliert den Tempelberg. Hass auf Juden und Christen wird von dort aus verbreitet. Manche sagen, wir müssten gar nicht mehr auf einen kommenden Gräuel der Verwüstung warten. Er sei schon da.

"CHRISTLICHE" VERFOLGUNG

Mancher mag auf das bisher Gesagte einwenden: Was im Laufe der Geschichte unter dem Zeichen des Kreuzes verübt wurde, steht auch nicht gerade auf einem Ruhmesblatt. Man denke nur an die Kreuzzüge des Mittelalters, als die "christlichen" Ritter dem Islam die heiligen Stätten entrissen und zweihundert Jahre über das Heilige Land herrschten. Als sie die Stadt Jerusalem eroberten, trieben sie die dort ansässigen Juden, Männer, Frauen, Kinder und Greise, in die große Synagoge, zündeten sie an und verbrannten die Eingeschlossenen bei lebendigem Leibe.

Am nächsten Tag feierten sie das Heilige Abendmahl.

Auch ist es eine Tatsache, dass die Juden es in den islamischen Ländern etwa von 650 nach Christus an gut 1300 Jahre lang insgesamt besser hatten als in den sogenannten christlichen Ländern. Zwar raubte man ihnen auch dort häufig Geld und Gut, aber sie wurden eher selten getötet und konnten im allgemeinen ihre Religion praktizieren und ihre eigene Kultur bewahren. Dies stand im Gegensatz zu den Ländern des Christentums, wo die Menschen wegen der kirchlichen Lehre, dass die Juden die Mörder Jesu, die "Gottesmörder" seien, nach Kräften dafür sorgten, dass die Juden verfolgt, beraubt, ermordet und ihre heiligen Schriften verbrannt wurden.

Ehe im Mittelalter die Kreuzzüge begannen, wurden zunächst die am Rhein lebenden Juden ermordet und beraubt, um die Finanzierung der Kreuzzüge zu ermöglichen. Der gelbe Judenstern, den die Juden im Zweiten Weltkrieg tragen mussten, ist keine Erfindung der Nazis, sondern geht zurück auf kirchliche Bestimmungen aus dem Mittelalter, wonach Juden sich deutlich erkennbar durch ihre Kleidung von Nichtjuden zu unterscheiden hatten, beispielsweise durch ein gelbes, rundes Stück Stoff oder einen "Judenhut". Die römisch-katholische Inquisition hat in den südlichen Ländern Europas Tausende von Juden, die nicht bereit gewesen waren, sich zum Christentum zu bekehren, auf Scheiterhaufen verbrannt, mit dem Kruzifix vor Augen. Die Pogrome des neunzehnten und zwanzigsten Jahrhunderts in den "christlichen" Ländern Osteuropas wurden oft angezettelt und unterstützt von orthodoxen Priestern und Geistlichen, die besonders in der Osterzeit das Volk dazu aufriefen, "den Juden, diesen Gottesmördern, eine Lektion zu erteilen".

Der Holocaust ereignete sich im stark lutherisch geprägten Deutschland, und es gab offensichtlich zu wenige Menschen, die sich mutig gegen die Vernichtung der Juden stellten, um den grausamen Tod von sechs Millionen Juden, unter ihnen anderthalb Millionen Kinder, in den Konzentrationslagern verhindern zu können. Es gab beispielsweise in den Niederlanden, Deutschland, Polen und Dänemark vereinzelt Menschen (sowohl Protestanten als auch Katholiken), die unter Einsatz des eigenen Lebens versucht haben, den Juden zu helfen. Aber jeder - und vor allem jeder Jude - weiß vom Schweigen des Papstes in Rom, den die Juden ja als Führer der Christenheit betrachten, von den Kriegsverbrechern, die nach dem Krieg in katholischen Klöstern versteckt wurden (wobei man nicht vergessen darf, dass während des Krieges besonders in Italien auch viele Juden in Klöstern eine sichere Zuflucht gefunden hatten), und vom Verhalten der "Deutschen Christen", die mit dem Hitlerregime gemeinsame Sache machten. Andere, wie zum Beispiel Dietrich Bonhoeffer, verloren ihr Leben im Widerstand. Im Laufe der Geschichte wurden im Namen des Christentums, unter dem Zeichen des Kreuzes, zahllose barbarische Taten verübt, unter anderem die Unterwerfung ganzer Erdteile in der Zeit des Kolonialismus, die Ermordung der Eingeborenen und der Raub von Gold, Silber und anderen Rohstoffen. Dabei missbrauchte man auch noch Zitate aus der Bibel, um Sklaverei zu rechtfertigen.

Aber jeder, der die Bibel kennt, weiß, dass so ein unmenschliches Verhalten absolut nichts mit Jesus Christus zu tun hat. Es lässt sich nicht aus den Lehren des Neuen Testaments ableiten, sondern ist ein grausiges Zerrbild. Der christliche Glaube kennt keinen "Heiligen Krieg". Der Spruch "Gott mit uns", auf die Koppelschlösser der Soldaten der deutschen Wehrmacht geprägt, ist kein Gebet, sondern ein lästerlicher Missbrauch des Namens Gottes. Im Namen des "Christentums" wurde soviel Schuld angehäuft, dass wohl niemand das Recht hat, mit Fingern auf andere zu zeigen.

Dieses "Christentum" hat nichts zu tun mit dem wahren christlichen Glauben, der aus der Versöhnung durch Christus lebt, in dem es um die Vergebung geht und darum, dass wir Gott lieben, wie auch er uns geliebt hat, und dass wir unseren Nächsten lieben wie uns selbst.

Aber viele Moslems sehen den "Heiligen Krieg", den Dschihad, als Mittel, den Islam über die ganze Welt auszubreiten. Sie betrachten ihn, unter Berufung auf Aussagen im Koran, als zentralen Bestandteil ihrer Religion.

GEISTLICHER KRIEG

Das Judentum beginnt mit Abraham, etwa 2000 Jahre vor Christus. Das Christentum beginnt mit Jesus, am Anfang unserer christlichen Zeitrechnung. Der Islam beginnt etwa 600 Jahre nach Christus mit Mohammed. Obwohl der Islam selbst durchaus Verbindungen zum Judentum und Christentum sieht, sind die Moslems überzeugt, dass ihnen mit dem Islam die letzte und letztgültige Offenbarung Gottes, also Allahs, anvertraut sei. Daher haben sie kein Verständnis dafür, dass die islamischen heiligen Stätten nicht in islamischer Hand sind. Es ist aus islamischer theologischer Sicht unzulässig, dass sich heilige Stätten des Islam im Besitz von Religionen befinden, die "Schnee von gestern" sind, wie Judentum und Christentum, so die Auffassung des Islam. Wäre das möglich, dann wäre Allah nicht allmächtig. Ja, das ganze Land Israel war für mehr als tausend Jahre unter Allah, und unter den Islam soll das ganze Land früher oder später auch wieder zurückkehren. Mohammed hat ja versprochen, dass einmal die ganze Welt unter Allah sein würde. Daher ist dieses kleine Land Israel die Nummer Eins auf der Agenda des Islam.

Jerusalem ist für Moslems die drittheiligste Stadt nach Mekka und Medina. Obwohl sie kein einziges Mal im Koran erwähnt wird, gilt sie als heilig, weil Mohammed nach einer alten Überlieferung eines Nachts im Traum von Jerusalem aus auf einem Pferd zum Himmel gefahren sei. In Wirklichkeit hat er Jerusalem niemals besucht und lag in jener Nacht einfach schlafend in seinem Zelt in der Wüste Arabiens. Doch wird der Hufabdruck des Pferdes, das im Traum mit einem Satz zum Himmel gefahren sein soll, immer noch in dem Felsen unter dem Felsendom auf dem Tempelberg in Jerusalem gezeigt!

Deshalb wird der Islam keine Ruhe geben, bevor Jerusalem und ganz Israel nicht vollständig unter das Regime des Islam zurückgekehrt sind. Aus ihrer religiösen Sicht ist dies eine absolute Notwendigkeit. Moslems sind überzeugt, dass ihre

Religion die einzig wahre sei. Würden sie daher zulassen, dass ihre heiligen Stätten in den Händen anderer, nämlich Juden oder Christen sind, wäre das, als ob deren Religion und deren Gott stärker sei als Allah, und das ist ausgeschlossen.

Die Rolle des Islam in dem Konflikt im Nahen Osten wird von vielen unterschätzt. Es handelt sich dort nicht an erster Stelle um Ölinteressen, um die Rückkehr und Wiederansiedlung palästinensischer Flüchtlinge oder irgendwelche anderen wirtschaftlichen oder politischen Interessen. In tiefstem Sinne tobt dort ein geistlicher Krieg. Eine Auseinandersetzung zwischen dem Gott Abrahams, Isaaks und Jakobs, dem Vater unseres Herrn Jesus Christus, und den anderen Göttern, Mächten und Ideologien dieser Welt. Nach Ansicht mancher Fachleute war Allah einer von 365 Göttern (Wüstengeistern oder Dschinns, wie sie genannt wurden, ein Gott für jeden Tag des Jahres), die am schwarzen Stein der Kaaba in Mekka schon lange vor Mohammed von den arabischen Wüstenstämmen verehrt wurden, vielleicht sogar die Mondgöttin. Der Halbmond ist noch immer das Symbol des Islam, das man auf jeder Moschee sieht.

Einer dieser vielen Wüstengötter, eben Allah, der Gott der Sippe Mohammeds, wurde dann von Mohammed zum alleinigen Gott erhoben.

Natürlich gibt es für Christen - und auch für Juden - keine "heiligen Stätten" im engeren Sinne, sondern wir wissen, dass es einen heiligen Gott gibt, dem wir durch ein geheiligtes Leben dienen wollen. Dennoch gibt es für Juden Orte von besonderer symbolischer Bedeutung für ihren Glauben. Und da ist es nun mal eine Tatsache, dass die heiligste Stätte in Jerusalem, der Tempelberg, sich in den Händen von Nichtjuden, von Heiden, befindet. Juden haben dort nicht einmal Zutritt zum Gebet. Sie müssen unten bleiben, am Fuße der gewaltigen, von König Herodes erbauten Mauer, die einst den gesamten riesigen Tempelkomplex umspannte. Dort, an der Westmauer (früher auch als "Klagemauer" bekannt) beten sie, an dem einzigen Überrest des zweiten Tempels, von Serubbabel nach der babylonischen Gefangenschaft erbaut und von Herodes erweitert. Dort befinden sie sich in größtmöglicher Nähe zum einstigen Allerheiligsten des Tempels.

DIE WELTMÄCHTE

Wann haben die "Zeiten der Heiden" eigentlich angefangen? Manche sagen: als der Tempel Salomos von den Babyloniern unter König Nebukadnezar 586 vor Christus zerstört wurde. Seither war Israel niemals mehr wirklich unabhängig. Ein Weltreich nach dem anderen rollte über es hinweg. Gewiss wurde ein weniger prachtvoller zweiter Tempel neu erbaut, als ein Teil der Juden aus der babylonischen Gefangenschaft zurückkehrte. Israel blieb von da an aber immer nur ein Teilgebiet oder eine Provinz eines viel größeren Reiches. Es verfügte zeitweise über eine begrenzte Autonomie, ja manchmal sogar über eine gewisse Unabhängigkeit, aber es war niemals mehr so mächtig und eigenständig wie in den Tagen von David und Salomo.

Daniel, der Prophet am Hofe des Königs Nebukadnezar, des Herrschers über Babylon, erhielt von Gott die Befähigung, dem König mitzuteilen, was dieser geträumt und was sein Traum zu bedeuten hatte. Der König sah in seinem Traum ein Standbild mit goldenem Haupt, silberner Brust und Armen, den Bauch und die Hüften aus Bronze, die Beine aus Eisen und die Füße teils aus Eisen und teils aus Ton. Dann sah er von einem Berg einen Stein herabrollen, der das Standbild traf und vollständig zermalmte und selber zu einem großen Berg wurde, der die ganze Welt füllte (siehe Dan 2).

Daniel gab dazu folgende Erklärung: Die verschiedenen Teile des Standbildes stehen für vier aufeinanderfolgende Weltreiche (wobei sich aus dem letzten Reich zwei voneinander zu unterscheidende Stadien entwickeln, so dass man auch von fünf Reichen sprechen könnte). Das goldene Haupt ist das babylonische Reich, die silberne Brust und die Arme stellen das Reich der Meder und Perser dar, der Bauch und die Hüften aus Bronze das griechische Reich unter Alexander dem

Großen und die Beine aus Eisen das römische Reich, das sich später in ein west- und oströmisches Reich aufspaltete. Dessen letztes Stadium, also das "fünfte" Weltreich, die Füße und Zehen teils aus Eisen und teils aus Ton, ist offensichtlich eine Wiederauferstehung dieses römischen Reiches, aber dann im Weltformat. In nachfolgenden Gesichten empfängt Daniel die Enthüllung von mehr Einzelheiten (siehe Daniel 7). Das goldene Haupt, Babylon, sieht er dann als einen Löwen mit Flügeln; das Reich der Meder und Perser (die silberne Brust und Arme) als einen Bären mit drei Rippen im Maul (das sind wahrscheinlich Syrien, Babylon und Ägypten, die sich der persische "Bär" einverleibte); das griechisch-mazedonische Reich (der Unterleib aus Bronze), wird gesehen als Leopard mit vier Flügeln und vier Köpfen, ein Hinweis darauf, dass das Reich Alexanders des Großen nach seinem Tod in vier einzelne Reiche - Ägypten, Syrien, Mazedonien und Kleinasien - unter der Herrschaft von vier seiner Generäle aufgeteilt wurde; das vierte Reich, das römische Reich (die eisernen Beine), wird schlichtweg ein furchtbares, schreckliches und sehr starkes Tier genannt (siehe Dan 7,7). Es hat zehn Hörner, entsprechend den zehn Zehen; zwischen ihnen bricht ein kleines Horn hervor, das die ganze Erde in Besitz nimmt.

Das Kommen des "Menschensohnes" aber bedeutet das Ende dieses letzten Reiches. Dann bricht die ewige Herrschaft dieses "Menschensohnes" an. Da das Erscheinen des Menschensohnes offensichtlich das ganze Standbild in allen seinen Teilen auf einmal zerstört, werden in der Endzeit also anscheinend alle Reiche, die das Standbild darstellt, auf die eine oder andere Weise gleichzeitig wiederhergestellt, um vor ihrer endgültigen Vernichtung noch eine letzte aktive Rolle auf der Weltbühne zu spielen.

Im Buch der Offenbarung erscheinen die Tiere, die Daniel sah, erneut (siehe Offb 13). Nach dem Untergang des römischen Reiches und vor dem zukünftigen Aufstieg jenes letzten Reiches sind zahlreiche Mächte die Herren im Gelobten Land gewesen: Byzantiner, Perser, Araber, Kreuzritter, Mamelucken, die türkischen Osmanen und die Engländer. Es waren in der

Tat viele Heiden, unter deren Füßen Jerusalem und das Heilige Land zertreten wurden. Dabei wäre über das antijüdische Verhalten der Engländer während der Entstehung eines unabhängigen jüdischen Staates Israel noch ein besonderes Kapitel zu schreiben.

Wir leben heute in den Tagen, in denen die Europäische Union in gewisser Weise zu einem wiedererstandenen römischen Reich zu werden scheint, wenngleich heute als Teil einer Welt mit zahlreicheren und stärkeren Machtblöcken als in den Tagen der Verfasser der Bibel. Der Kommunismus ist in Rußland gefallen und ermöglichte den russischen Juden die Heimkehr (siehe Jer 16,14.15). Mehr und mehr sieht die heutige Karte von Europa der des alten römischen Reiches ähnlich. Die Vereinten Nationen, eine Art Weltparlament, obgleich zuweilen machtlos, gewinnt an Einfluss, und die Blauhelme der UN-Friedenstruppen sind in immer größerem Ausmaß weltweit zu sehen. Wirtschaftliche Entwicklungen, Energiekrise und Umweltprobleme sowie weltweit aufbrechende Konflikte machen immer stärker einen globalen Einsatz erforderlich.

Das Kommen des letzten Weltreiches naht rapide. Dank Computern und Satellitensystemen, Datenvernetzung, Massenmedien sowie multinationalen Finanz- und Wirtschaftskonzernen scheint der Weltfriede zum Greifen nahe zu sein. Das "globale Dorf" wird Realität. Und doch sollten wir uns davor hüten, "Friede, Friede" zu rufen, wo doch kein Friede ist, und wachsam bleiben!

DER ANTICHRIST UND GOTTES "BIS"

Es kann jetzt noch kein bleibender Friede kommen. Die Bibel sagt deutlich, dass erst der Antichrist auftreten muss. Er ist der Pseudo-Christus anstelle des (und im Gegensatz zum) wahren Christus. Das griechische Wort "anti" bedeutet beides: sowohl "gegen" als auch "anstelle von". Wenn er erscheint, werden die Heiden erneut Jerusalem zertreten, und zwar im wahrsten Sinne des Wortes, bis die Zeiten der Heiden erfüllt sein werden. Die ganze Welt wird dann Teil des Systems sein, das der Antichrist aufrichten wird, und kein Gegner dieses

Systems wird dann mehr in der Lage sein, zu kaufen oder zu verkaufen. Alle, die noch Widerstand leisten, werden an den Rand gedrängt, verfolgt, verhaftet, sogar getötet (siehe Offb 13,9 - 17), so wie gläubige Christen während der Naziherrschaft und unter kommunistischen Diktaturen verfolgt wurden und heute noch, vor allem in der islamischen Welt, verfolgt werden.

Wer das erlebt, wird die Bedeutung des "bis" von Lukas 21,24 mit Sicherheit zu schätzen wissen! Es verheißt ein Ende der Verfolgung. Diese furchtbare Zeit wird nicht ewig dauern! Die Heiden werden nicht das letzte Wort haben. Unterdrückung, Verfolgung, Mord, Grausamkeit, Hunger, Krankheit und Tod werden nicht für immer den Ton angeben in dieser Welt. Das letzte Wort wird Christus haben, wenn er die Mächte der Finsternis vernichten und den Gesetzlosen, den Antichristen, töten und sein eigenes Reich aufrichten wird. Letztlich ist er die einzige Hoffnung für Israel. Und er ist die einzige Hoffnung für die christliche Gemeinde. Er ist auch die einzige Hoffnung für die Welt. Selbst wer, so wie das moderne Israel, bis an die Zähne bewaffnet ist, wird dennoch machtlos sein gegen eine ganze Welt, es sei denn, Gott steht ihm bei und gibt ihm den Sieg, so wie David, als er Goliat gegenüberstand (siehe 1. Sam 17).

Es wäre für die Menschen in Holland eine große Ermutigung gewesen, hätten sie im Voraus gewusst, dass der Zweite Weltkrieg und die Besetzung Hollands durch das Naziregime nur fünf Jahre dauern würden. Aber sie wussten es nicht, und viele dachten wahrscheinlich, die Besetzung würde für immer bleiben. Dadurch verloren sie die Hoffnung und den Glauben, und der Widerstand kam schließlich zum Erliegen. Daher ist es so ermutigend, dass die Bibel uns versichert, dass die endzeitliche weltweite Herrschaft des Antichristen zeitlich begrenzt sein wird, nämlich auf dreieinhalb Jahre: *"eine Zeit und zwei Zeiten und eine halbe Zeit" (Dan 7,25; siehe 12,7; Offb 12,14)*, das entspricht 42 Monaten (siehe Offb 11,2; 13,5) oder 1260 Tagen (siehe Offb 11,3; 12,6). Wie gut zu wissen! Allein schon die bleibende Existenz Israels und die Heimkehr des jüdischen Volkes, beides Erfüllung biblischer Prophetie, sind Zeichen der Hoffnung. Gott ist immer noch am Ruder und steuert die Weltgeschichte auf ihr letztes Ziel zu, die Errichtung seines ewigen Reiches. Ja, Israel zieht hin zu seiner Ruhe! Ganz Israel wird gerettet werden (siehe Röm 11,26), von Zion wird Weisung ausgehen und des HERRN Wort von Jerusalem (siehe Jes 2,2 - 4), und die Völker werden hinfort nicht mehr lernen, Krieg zu führen (siehe Mi 4,1 - 3). Die Macht Allahs und des Islam wird gebrochen werden, denn Gott liebt auch die Araber und die Palästinenser. Jesus möchte auch sie freisetzen. Die Bibel sagt, dass sogar eine Straße von Ägypten nach Assyrien (der heutige Irak) gebaut werden wird und dass die Assyrer nach Ägypten und die Ägypter nach Assyrien kommen und die Ägypter samt den Assyrern Gott dienen werden. Es wird nicht Allah sein, den sie anbeten, sondern Jahwe, der Gott Abrahams, Isaaks und Jakobs, der Vater unseres Herrn Jesus Christus. Zu der Zeit wird Israel der Dritte sein mit den Ägyptern und Assyrern, ein Segen mitten auf Erden, denn der Herr der Heerscharen wird zu ihnen sagen: *"Gesegnet bist du, Ägypten, mein Volk, und du, Assur, meiner Hände Werk, und du, Israel, mein Erbe!" (Jes 19,25).* Auch Ismael, Abrahams leiblicher Sohn neben Isaak und Stammvater der Araber, hat von Gott große Verheißungen empfangen (siehe 1. Mose 17,20.21; 21,18). Diese Periode der Finsternis, die über die ganze Welt einschließlich Israels und der Gläubigen kommt, wird schließlich durch das Gericht hindurch in die Herrlichkeit des Reiches Gottes münden. Gottes "bis" ist sein Bürge für den Anbruch jener neuen Epoche für Israel, für Jerusalem und für die Welt.

Ist uns bewusst, dass wir uns auf dem Weg dorthin befinden? Ich bin sicher, dass die Zeltpflöcke unseres Lebens weniger fest in dieser Welt eingeschlagen wären, wenn es uns bewusster wäre, dass wir als Gläubige, als geistliche Nachkommenschaft Abrahams, unterwegs sind auf dem Weg in das verheißene Land, Gottes ewiges Reich.

5 DAS DRITTE "BIS": DIE FÜLLE DER HEIDEN

"Ich will euch, liebe Brüder, dieses Geheimnis nicht ver-
hehlen, damit ihr euch nicht selbst für klug haltet: Ver-
stockung ist einem Teil Israels widerfahren, so lange **bis**
die Fülle der Heiden zum Heil gelangt ist, und so wird
ganz Israel gerettet werden, wie geschrieben steht: 'Es wird
kommen aus Zion der Erlöser, der abwenden wird alle
Gottlosigkeit von Jakob. Und dies ist mein Bund mit ihnen,
wenn ich ihre Sünden wegnehmen werde' " (Röm 11,25 - 27).

Unter Christen wird regelmäßig über die Frage diskutiert, ob
dem Volk Israel das Evangelium verkündet werden soll. Soll
man unter den Juden missionieren? Enthalten wir den Juden
nicht das Wesentlichste vor, wenn wir nicht versuchen, sie
zum Glauben an Jesus Christus zu bringen? Natürlich hat es im
Laufe der Jahrhunderte immer wieder auch Juden gegeben,
die an Jesus geglaubt haben. Der weitaus größte Teil der Juden
glaubt jedoch nicht an ihn. Viele akzeptieren ihn heute zwar
vielleicht als einen großen jüdischen Rabbi, aber nicht als Gottes
Sohn, der für die Sünden der Welt, also auch für die Sünden
Israels, starb.

Am ersten Pfingsttag kamen jedoch immerhin etwa dreitau-
send Juden zum Glauben und ließen sich taufen (siehe Apg
2,41). Die Entstehung der christlichen Gemeinde war eine
ausschließlich innerjüdische Angelegenheit. Jene ersten Gläubigen waren alles Juden und einige Proselyten, Heiden, die
vorher zum Judentum konvertiert waren. Die Jünger, die Nachfolger Jesu, seine Freunde, die nach der Ausgießung des Heiligen Geistes seine Gesandten (Apostel) wurden, waren alles
Juden. Erst in Apostelgeschichte 10 wird davon berichtet, dass
der Heilige Geist zum ersten Mal auch auf Nichtjuden, auf
Heiden, ausgegossen wird. Der römische Zenturio Cornelius
und alle, die mit ihm die Verkündigung des Evangeliums durch
Petrus hören, erleben, wie der Heilige Geist in gleicher Weise

auf sie kommt wie vorher auf die Juden und die übergetretenen Nichtjuden (siehe Apg 2,11) am Pfingsttag in Jerusalem. Petrus und die anderen Gläubigen aus der Beschneidung (also an Christus gläubige Juden) waren darüber äußerst erstaunt (siehe Apg 10,44 - 48)! Aber damit haben wir uns ja bereits in Kapitel 2 eingehend befasst.

Diese völlig unerwartete Bekehrung von Heiden entfachte sofort eine hitzige Diskussion unter den jüdischen Gläubigen: Sollte man von diesen Nichtjuden, diesen Heiden, die jetzt auch an Jesus glauben, nun auch die Einhaltung des Gesetzes des Mose und die Beachtung der 613 rabbinischen Gebote verlangen? Sollten sie jetzt auch koscher essen? Waren sie durch ihren Glauben an Jesus eigentlich Juden geworden oder nicht? Sollten sich die Männer beschneiden lassen? Waren sie so etwas wie Konvertiten oder Proselyten? Da die jüdischen Gläubigen weiterhin das Gesetz des Mose und die jüdischen Traditionen hielten, forderten einige, dass auch die gläubigen Heiden anfangen, danach zu leben. Es muss für diese neuen Gläubigen ein ziemlicher Schock gewesen sein, als sie zu hören bekamen: *"Wenn ihr euch nicht beschneiden lasst nach der Ordnung des Mose, könnt ihr nicht selig werden"* (Apg 15,1)! Mit anderen Worten, ihre ewige Errettung war angeblich in Gefahr, wenn sie sich nicht an die Thora des Mose hielten.

Es war auch sehr viel göttliche Überzeugungsarbeit nötig, bis Petrus als jüdischer Gläubiger und gesetzestreuer Jude überhaupt dazu bereit war, das Haus des Cornelius, eines römischen Heiden, zu betreten (siehe Apg 10,9 - 20). Denn nach traditioneller Denkweise hätte er sich durch den Eintritt unter das Dach eines Heiden rituell verunreinigt. Dreimal musste der Herr zu ihm sagen: *"Was Gott rein gemacht hat, das nenne du nicht verboten"* (Apg 10,15). Petrus war in Verzückung geraten und sah in einer Vision, wie sich der Himmel öffnete und sich etwas wie ein großes Tuch, an seinen Zipfeln gehalten, zur Erde senkte. In dem Tuch waren alle Arten von Tieren, einige von ihnen entsprechend dem jüdischen Gesetz rein und einige unrein. Er hörte eine Stimme:

"Steh auf, Petrus, schlachte und iss!" *"O nein, Herr"*, antwortete Petrus, *"denn ich habe noch nie etwas Verbotenes und Unreines gegessen" (Apg 10,13.14).* Diese Vision wiederholte sich noch zweimal, denn Petrus sollte verstehen lernen, dass es hier nicht um koscheres Essen, sondern um koschere Menschen ging (siehe Apg 10,17 - 23)! Als er von dem flachen Hausdach herunterstieg, auf dem er die Vision gehabt hatte, standen die Boten des Cornelius bereits vor der Tür. Sie berichteten ihm, ein Engel habe Cornelius befohlen, er solle Petrus holen lassen und hören, was er zu sagen habe. Sie baten ihn, mit ihnen zum Haus des Cornelius zu kommen. Petrus erkannte, dass es wirklich Gottes Plan ist, dass er mit ihnen geht, und so geschah es zum ersten Mal, dass Heiden das Evangelium hörten - von einem Juden.

Dieses Schema - das Heil ist aus den Juden - setzt sich fort. Man hätte erwarten können, dass der Herr nun Cornelius dazu berief, die Botschaft weiterzusagen. Als Römer war er doch bestens mit dem griechisch-römischen Denken vertraut, er hatte zum Glauben an den Herrn Jesus Christus gefunden und war, genau wie die jüdischen Gläubigen am Pfingsttag in Jerusalem, mit dem Heiligen Geist erfüllt worden. Jeder Direktor einer heutigen Missionsgesellschaft hätte solch einen Mann sicherlich sofort zum geeignetsten Anwärter auf das Amt eines Apostels für die Heiden erklärt. Stattdessen erwählte der Herr einen jüdischen Rabbiner, Saulus von Tarsus, und offenbarte sich ihm, um ihn als Apostel für die Heiden einzusetzen.

So geht Gott zu Werke. Über Israel kommt das Heil in die Welt. Das Heil kommt von den Juden (siehe Joh 4,22). Aus Saulus wird Paulus. Mehrmals erscheint ihm der Herr Jesus. Das erste Mal bei seiner Bekehrung auf dem Wege nach Damaskus (siehe Apg 9,3 - 9; 22,3 - 11; 26,9 - 18), als er noch ein überzeugter Christenhasser war, der die Gläubigen aufspürte, verfolgte und gefangennahm (siehe Apg 9,1.2), ihrer Hinrichtung als Zeuge beiwohnte (siehe Apg 7,54 - 8,3) und voll und ganz von der Richtigkeit seines Tuns überzeugt war (siehe Apg 26,9.10). Aber auch später ist ihm der Herr erschienen, als er in der Einsamkeit der Wüste auf seine Aufgabe als Apostel vorbereitet wurde, so dass er im Rückblick schreiben konnte: *"Als es aber Gott wohlgefiel, der mich von meiner Mutter Leib an ausgesondert und durch seine Gnade berufen hat, dass er seinen Sohn offenbarte in mir, damit ich ihn durchs Evangelium verkündigen sollte unter den Heiden, da besprach ich mich nicht erst mit Fleisch und Blut, ging auch nicht hinauf nach Jerusalem zu denen, die vor mir Apostel waren, sondern zog nach Arabien und kehrte wieder zurück nach Damaskus"* (Gal 1,15 - 17).

Paulus betont hier sehr stark seine direkte Berufung von Gott selbst. Er legt Wert auf die Feststellung, dass er keines Menschen Rat eingeholt oder das Evangelium, das er verkündigt, sozusagen als Schüler von Petrus, Johannes oder Jakobus nur "aus zweiter Hand" empfangen und gelernt hat.

Später hat er dann zwar Petrus besucht und ist fünfzehn Tage bei ihm geblieben. Bei dieser Gelegenheit ist er auch Jakobus, dem Bruder des Herrn, begegnet (siehe Gal 1,18.19). Paulus war aber alles in allem für die christliche Gemeinde ein Unbekannter, von dem sie nur wussten, dass der, der früher versucht hatte, sie zu vernichten, jetzt das Evangelium verkündet! Ja, so kann es in einem Menschenleben gehen: Aus einem Christenhasser kann ein Prediger des Evangeliums werden.

AUGEN- UND OHRENZEUGEN

Ein echter Apostel musste ein Augen- und Ohrenzeuge Jesu gewesen sein. Als die zwölf Jünger Judas durch seinen Verrat an Jesus und seinen anschließenden Selbstmord verloren, wählten sie einen neuen zwölften Apostel. An die beiden Kandidaten, zwischen denen entschieden werden" sollte, wurde aber vor allem die Bedingung gestellt, dass sie *"bei uns gewesen sind die ganze Zeit über, als der Herr Jesus unter uns ein- und ausgegangen ist - von der Taufe des Johannes an bis zu dem Tag, an dem er von uns genommen wurde"*, denn nur so konnte dieser zwölfte Apostel mit den anderen Zeuge seiner Auferstehung sein. Die Wahl fiel schließlich auf Matthias (siehe Apg 1,15 - 26).

Augen- und Ohrenzeugen. Der Apostel Johannes schreibt

dementsprechend: *"Was von Anfang an war, was wir gehört haben, was wir gesehen haben mit unsern Augen, was wir betrachtet haben und unsre Hände betastet haben, vom Wort des Lebens (...), was wir gesehen und gehört haben, das verkündigen wir auch euch..."* *(1. Joh 1.3).* Auch er gehörte zu den Augen- und Ohrenzeugen.

So wird auch Paulus ein Apostel, obgleich er nicht drei Jahre lang mit Christus in Israel umhergezogen ist. Christus ist ihm jedoch persönlich erschienen und hat ihn persönlich in die Lehre genommen, damit seine Botschaft keine von anderen übernommene Weisheit sei, sondern vollständig eine direkte Offenbarung von Gott. Sein Evangelium sei nicht von menschlicher Art, auch habe er es nicht von einem Menschen empfangen oder gelernt, sagt er, sondern durch eine Offenbarung Jesu Christi (siehe Gal 1,11.12).

Der Herr macht sich so große Mühe mit Paulus, um die Bekehrung von Heiden, von Nichtjuden, sicherzustellen. Er will, dass dies durch einen Juden geschehen soll. Der Missionsbefehl Jesu lautet: *"... gehet hin und machet zu Jüngern alle Völker: Taufet sie auf den Namen des Vaters und des Sohnes und des Heiligen Geistes und lehret sie halten alles, was ich euch befohlen habe"* *(Mt 28,19.20a).* Das sagte er zu seinen jüdischen Jüngern, und mit den Völkern meinte er die Nichtjuden, die Heiden. So findet das Evangelium seinen Weg hinaus in die Welt. Bei seiner Himmelfahrt erklärte er seinen jüdischen Nachfolgern: *"Ihr (...) werdet meine Zeugen sein in Jerusalem und in ganz Judäa und Samarien und bis an das Ende der Erde"* *(Apg 1,8).* Die Bewohner Samarias, die Samaritaner, sind ein Mischvolk, entstanden aus Israeliten, nämlich dem Überrest der zehn Stämme des Nordreiches Israel, und dorthin verschleppten heidnischen Völkern nach der Deportation durch die Assyrer (siehe 2. Kön 17,6 - 41). Das Evangelium geht so von Jerusalem und dem jüdischen Volk aus in die Welt hinein und zieht dabei immer weitere Kreise. Es sind Juden, die es verkündigen. Sie sind der Kanal, den Gott sich erwählt hat, um die ganze Welt zu segnen. Gott wirkt immer durch Israel.

Als Paulus die Vorrechte der Juden aufzählt, sagt er: *"... die Israeliten sind, deren die Sohnschaft ist und die Herrlichkeit und die Bündnisse und die Gesetzgebung und der Gottesdienst und die Verheißungen; deren die Väter sind und aus denen dem Fleisch nach der Christus ist, der über allem ist, Gott, gepriesen in Ewigkeit. Amen" (Röm 9,4.5; Rev. Elberf.).* Das ist kein Geringes! So wirkt Gott in der Welt durch Israel. Israel ist nicht etwa Gottes auserwähltes Volk zu seinem eigenen Nutzen, zu eigenen Gunsten oder weil es etwa größer, stärker, mächtiger oder intelligenter ist als andere Völker (obwohl es bemerkenswert ist, dass ein kleines Volk so viele Nobelpreisträger hervorbringt!). Im Gegenteil. Mose sagt ihnen in aller Deutlichkeit: *"Nicht hat euch der HERR angenommen und euch erwählt, weil ihr größer wäret als alle Völker - denn du bist das kleinste unter allen Völkern - , sondern weil er euch geliebt hat und damit er seinen Eid hielte, den er euren Vätern geschworen hat..." (5. Mose 7,7.8).* Auch nach der Verwerfung Jesu durch die Mehrzahl der Juden nennt Paulus sie *"Geliebte um der Väter willen".* Denn Gottes Gaben und Berufung können ihn nicht gereuen (siehe Röm 11,28.29). Von Gott geliebt. So sieht Gott Israel. Trotz allem. Das sogenannte "ungläubige Israel" ist von Gott geliebt.

ISRAELS VERSTOCKUNG

Jetzt kommt der springende Punkt. Denn obgleich Paulus weiß, dass das Evangelium zuerst für die Juden und ebenso für die Griechen, also die Heiden, die Nichtjuden, ist (siehe Röm 1,16; 2,9.10) und er als Apostel für die Heiden doch immer, wohin er auf seinen Missionsreisen kommt, zuerst in den Synagogen anfängt zu predigen und zu lehren, so muss er doch erfahren, dass der Großteil der Juden, seiner "Brüder nach dem Fleisch", die Botschaft von Jesus ablehnt. Das setzt ihm schwer zu. Warum ist das so? Er wünscht sich, *"verflucht und von Christus getrennt zu sein für meine Brüder, die meine Stammverwandten sind nach dem Fleisch" (Röm 9,3)!* Er setzt sich bis zum äußersten für sie ein, *"ob ich vielleicht meine Stamm-*

verwandten zum Nacheifern reizen und einige von ihnen retten könnte" (Röm 11,14). Er hat darüber *"große Traurigkeit und Schmerzen ohne Unterlass"* in seinem Herzen (siehe Röm 9,2).

Warum wollen sie nicht glauben? Wie ist so etwas möglich? Woher kommt das?

Dann, ganz allmählich oder vielleicht auch durch eine direkte Offenbarung Christi, geht ihm ein Licht auf. Er erkennt, dass Gott einen Plan hat. So hört er am Ende der Apostelgeschichte damit auf, sich in der Hoffnung auf ihre Bekehrung zuerst an die Juden zu wenden mit seiner Predigt des Evangeliums. Er stellt fest, dass der Prophet Jesaja mit Recht geweissagt hat: *" 'Geh hin zu diesem Volk und sprich: Mit den Ohren werdet ihr's hören und nicht verstehen; und mit den Augen werdet ihr's sehen und nicht erkennen. Denn das Herz dieses Volkes ist verstockt und ihre Ohren hören schwer, ihre Augen sind geschlossen, damit sie nicht etwa mit den Augen sehen und mit den Ohren hören und mit dem Herzen verstehen und sich bekehren, und ich ihnen helfe' " (Apg 28,26.27; siehe Jes 6,9.10).* Und Paulus fährt fort: *"So sei es euch kundgetan, dass den Heiden dies Heil Gottes gesandt ist; und sie werden es hören" (Apg 28,28).* Danach predigte er *"das Reich Gottes und lehrte von dem Herrn Jesus Christus mit allem Freimut ungehindert"* in seiner eigenen Mietwohnung in Rom (Apg 28,31).

Es sieht so aus, als ob die Verbindung zu den Juden damit abgebrochen ist. Die Trennung von Gemeinde und Synagoge begann. Das Heil geht nun direkt zu den Heiden. Darin steckt aber auch etwas Unbegreifliches. Auch Jesaja spürte das. Er sollte weissagen, die Botschaft verkündigen, damit sie nicht hören, verstehen und sich bekehren. Er sollte predigen mit dem Ziel, dass sie gerade nicht hörten noch verstanden noch zum Glauben kamen! Es musste eine teilweise Verstockung und Verwerfung in Israel eintreten. Es musste so geschehen. Es war Gottes Wille. Jesaja fragte: *"Herr, wie lange?"* Und der Herr antwortete: *"Bis die Städte wüst werden, ohne Einwohner, und die Häuser ohne Menschen und das Feld ganz wüst daliegt. Denn der HERR wird die Menschen weit wegtun, sodass das Land sehr verlassen sein wird. Auch wenn nur der zehnte Teil darin bleibt, so wird es abermals verheert werden, doch wie bei einer Eiche und Linde, von denen beim Fällen noch ein Stumpf bleibt. Ein heiliger Same wird solcher Stumpf sein"* (Jes 6,11 - 13).

Es wird ein Rest übrigbleiben; dieser wird schließlich umkehren. So handelt Gott mit Israel.

Paulus sagt, und er zitiert dabei Mose und Jesaja: " *'Gott hat ihnen einen Geist der Betäubung gegeben, Augen, dass sie nicht sehen, und Ohren, dass sie nicht hören, bis auf den heutigen Tag' "* (Röm 11,8; siehe 5. Mose 29,3; Jes 29,10).

Es sind zwei Seiten derselben Medaille: Erst will Israel nicht sehen, und dann kann es nicht mehr sehen. Andererseits kann und darf Israel gar nicht sehen, weil der Herr andere Pläne hat. Einerseits ist es eigenes Verschulden, andererseits Vorherbestimmung.

Auch Jesus wusste, dass sich Jesajas Weissagung über Israels Verstockung erfüllen wird. Deshalb redete er zu den Juden generell in Gleichnissen und zu seinen Jüngern, den Auserwählten, in direktem Sinne (siehe Mt 13,13 - 17). Es hat zu allen Zeiten in Israel einen Überrest gegeben, der umkehrt, der seine Knie nicht vor dem Baal gebeugt hat (siehe Röm 11,4 - 7), es sind immer einige übrig geblieben nach der Wahl der Gnade. Am Ende dieses Abschnittes der Weltgeschichte wird schließlich ganz Israel, das in sein verheißenes Land zurückgekehrt ist, gerettet werden (siehe Röm 11,26a).

Die letzte Generation, die die Wiederkehr des Herrn erleben wird - "ganz Israel".

GOTTES WERKZEUG DER ERLÖSUNG

In der Heilsgeschichte existiert so eine Art permanente Unterströmung. Das Heil kommt in, durch und aus Israel. Es wird immer als erstes Israel angeboten. Ein Teil, ein Überrest, geht jedesmal darauf ein, ein Großteil jedoch nicht. Paulus schreibt über Israel, *"dass unsre Väter alle unter der Wolke gewesen und alle durchs Meer gegangen sind; (...) und haben alle dieselbe geistliche Speise gegessen und haben alle denselben geistlichen Trank getrunken (...). Aber an den meisten von ihnen hatte Gott kein Wohlgefallen, denn sie wurden in der Wüste erschlagen" (1. Kor 10,1.3 - 5).*

Israels Ergehen dient der christlichen Gemeinde als warnendes Vorbild. Auch wer als Kind getauft wurde, vielleicht sogar eine christliche Schule durchlaufen und eine christliche Erziehung genossen hat, regelmäßig zur Sonntagsschule, in den Konfirmandenunterricht und in die Kirche gegangen ist, aber sein Herz ist nicht zum Glauben, zur Bekehrung und Hingabe an Jesus gekommen, der hat lediglich die äußerliche, leere Form. Genauso wie die Beschneidung bei den Männern Israels mehr sein sollte als ein äußerliches körperliches Zeichen, sondern für die "Beschneidung des Herzens" stehen sollte (siehe Röm 2,25 - 29). *" 'Dies Volk ehrt mich mit den Lippen; aber ihr Herz ist fern von mir' "*, sagte Jesus, der Gottes Herz kannte, seufzend mit dem Propheten Jesaja. *" 'Vergeblich dienen sie mir, weil sie lehren solche Lehren, die nichts sind als Menschengebote' " (Mk 7,6.7; siehe Jes 29,13).*

Auf den ersten Blick könnte man etwas überheblich sagen: Israel ist selber schuld, wenn es von Gott gestraft und gerichtet wird, genauso, wie es die Schuld jedes einzelnen ist, wenn er nicht auf Gottes Heilsangebot eingeht; Israel unterscheidet sich darin in keiner Weise vom Rest der Welt. Trotzdem: In der Verstockung und Beiseitesetzung, wie sie bei Israel der Fall ist, steckt ein tieferer Sinn. Gott ist in der und durch die Verstockung am Werk, um seine Erlösung für die Welt hervorzubringen, so dass Israel sozusagen ein "negatives Werkzeug" geworden ist: *"... durch ihren Fall ist den Heiden das Heil widerfahren (...). Wenn aber schon ihr Fall Reichtum für die Welt ist und ihr Schade Reichtum für die Heiden, wie viel mehr wird es Reichtum sein, wenn ihre Zahl voll wird. (...) Denn wenn ihre Verwerfung die Versöhnung der Welt ist, was wird ihre Annahme anderes sein als Leben aus den Toten!" (Röm 11,11.12.15).* Durch ihre Beiseitesetzung gelangt Gottes Versöhnungswerk in die Welt.

Wenn aber so viel Gutes und die Erlösung schon durch ihre

Beiseitesetzung in die Welt ausfließen, was wird dann erst geschehen, wenn Israel zu seiner Fülle gelangt, *"... wie viel mehr wird es Reichtum sein, wenn ihre Zahl voll wird" (Röm 11,12b)*! Ihr Herz wurde verhärtet, ihre Sinne wurden verstockt, damit wir Heiden hinzukommen können.

Als sich die Apostel und die Ältesten in Jerusalem versammelten, um die Streitfrage zu lösen, ob bekehrte Heiden, also Nichtjuden, die zum Glauben gekommen waren, das Gesetz des Mose halten sollten oder nicht, fasste die Versammlung am Ende den einmütigen Beschluss: "Nein!" Petrus hatte sie zuvor gefragt: *"Warum versucht ihr denn nun Gott dadurch, dass ihr ein Joch auf den Nacken der Jünger legt, das weder unsere Väter noch wir haben tragen können?" (Apg 15,10).* Um aber ihren gläubigen jüdischen Brüdern und Schwestern keinen Anstoß zu geben, wurden diese Heidenchristen gebeten, sich freiwillig zu enthalten *"vom Götzenopfer und vom Blut und vom Erstickten und von Unzucht" (Apg 15,29).* Das waren allgemeine Lebensregeln, die auch für die Fremdlinge galten, die in Israel lebten (siehe 3. Mose 17,1 - 18,26). Aber das Gesetz des Mose wurde den Heidenchristen nicht auferlegt, denn es genügte, wenn das Gesetz in der Synagoge aufrechterhalten wurde. Damit wurde also mit dem Fortbestand der Synagoge neben der christlichen Gemeinde gerechnet! *"Denn Mose hat von alten Zeiten her in allen Städten solche, die ihn predigen, und wird alle Sabbattage in den Synagogen gelesen",* sagt Jakobus, der Bruder des Herrn (Apg 15,21). Beide, die christliche Gemeinde und die Synagoge, haben ihren Gang durch die Geschichte gemacht, durch alle Länder der Welt und sehr oft in ergreifender und herzzerreißender Weise.

DER "WANDERNDE JUDE"

Vielleicht ein paar hundert Juden standen vor dem Haus von Pontius Pilatus und schrieen, angestachelt durch ihre Führer: "Sein Blut komme über uns und unsere Kinder!" Wie soll man diesen Ausruf deuten? Einiges wurde bereits in Kapitel 2 dazu gesagt, aber es gibt noch mehr zu sagen. Ist darin vielleicht eine unbewusste und unbeabsichtigte prophetische Wahrheit enthalten, so wie in den Worten des Hohepriesters Kaiphas, als er sagte: *"Es ist besser für euch, ein Mensch sterbe für das Volk, als dass das ganze Volk verderbe" (Joh 11,50)*? Natürlich erkannte Kaiphas die volle Bedeutung dessen, was er gerade gesagt hatte, nicht, dennoch war es die Wahrheit: Jesus, dieser "eine Mensch", starb in der Tat anstelle Vieler, um sie zu erlösen und zu retten. Ein Mensch starb stellvertretend für das ganze Volk, oder genauer gesagt, für die ganze Welt. Könnten die Worte *"Sein Blut komme über uns und unsere Kinder"* in ähnlicher Weise eine tiefere Dimension haben? Das Blut Jesu muss über sie kommen und auch über uns, und zwar zur Reinigung von allen unseren Sünden. Das Blut Jesu muss über Israel kommen, um Israels Sünden abzuwaschen. Das war nicht das, was sie meinten, als sie es sagten, es war nicht das aufrichtige Gebet des Sünders, aber nichtsdestoweniger war es die Wahrheit. Aber selbst, wenn man diesen Ausruf nur so verstehen will, dass diese eine kleine Gruppe von Menschen dort auf diesem Platz damit die Verantwortung für den Tod Jesu auf sich nahm, so ist es eine unentschuldbare Grausamkeit, wenn man dies, wie es die Christenheit jahrhundertelang getan hat, dem gesamten jüdischen Volk für immer und ewig anlastet. "Uns und unsere Kinder", hatten sie gesagt. Das ist jene eine Generation und deren Kinder. Und selbst wenn sie damit für ihren Teil die persönliche Verantwortung auf sich genommen haben, so lastet diese nicht länger auf ihnen als bis zum Jahre 70 nach Christus, vierzig Jahre später, die Zeitspanne für eine einzige Generation, bis zur Einnahme und Zerstörung Jerusalems und des Tempels durch die römischen Legionen. Dabei wurde jene Generation und deren Kinder auf bestialische Weise von den Römern umgebracht. Aber damals starben in Jerusalem mehr als eine Million Juden, unter ihnen möglicherweise auch viele Judenchristen, und eben nicht nur jene paar hundert Juden, die damals vor dem Haus des Pontius Pilatus gestanden hatten. Ob tatsächlich, wie alte christliche Chroniken berichten, alle Juden, die an Jesus glaubten, vor der römischen Belagerung

Jerusalems in die Stadt Pella im Ostjordanland geflohen sind, ist unter Historikern noch immer umstritten. Manche sagen, eine solche Flucht habe es nicht gegeben. Aber war die Vernichtung der Bewohner Jerusalems tatsächlich ein "Gericht Gottes"?

Jesus hatte am Kreuz gebetet: *"Vater, vergib ihnen; denn sie wissen nicht, was sie tun!" (Lk 23,34)*. Sollte der Vater die Bitte seines sterbenden Sohnes nicht erhören? In diesem Moment starb der Sohn für die Sünde der Welt als das Lamm Gottes. Und er bat um Vergebung für diejenigen, die direkt mit seinem Sterben zu tun hatten. Die Juden des Sanhedrin, die Juden, die geschrien hatten, die römischen Soldaten. Selbstverständlich hat der Vater ihn erhört.

Die Christenheit sollte es als Schuld bekennen, einer derart teuflischen Theologie Raum gegeben zu haben, durch die jüdisches Blut in Strömen geflossen und ein so tief sitzender und dauerhafter "christlicher" Antisemitismus entstanden ist. Wie dem auch sei: Israels erschütternde Wanderschaft durch die Welt hat hier ihren Anfang, im Jahre 70 nach Christus, nach der Verwüstung von Stadt und Tempel. Gerade diese Zerstreuung der Juden hat vieles beigetragen zur Verbreitung der Thora, der Bibel und des Evangeliums. Es gab bereits jüdische Gemeinschaften und Synagogen an vielen Orten im römischen Reich, von Babylon bis nach Alexandria in Ägypten, und sogar in Rom. Wenn die Apostel, insbesondere Paulus, mit ihrer Verkündigung in einer neuen Gegend begannen, fingen sie immer in einer dort bereits bestehenden Synagoge an, weil sie wussten und auch in ihrer Predigt an die Heiden darauf Bezug nehmen konnten, dass in der Synagoge die Thora, die Bibel, vorhanden war und das Wissen um den einen wahren Gott, den Schöpfer des Himmels und der Erde, um Jahwe, den Bundesgott Israels, den Gott Abrahams, Isaaks und Jakobs. Darauf aufbauend konnten sie dann verkünden, dass dieser Gott der Vater unseres Herrn Jesus Christus ist, der für die Sünde der Welt gestorben und von den Toten auferstanden ist, der zur Rechten des Vaters sitzt und von dort kommen wird, um sein Reich als Messias Israels und König der Welt zu errichten.

Überall auf der Welt entstanden Synagogen durch die jüdische Zerstreuung. Inmitten aller Rassen, Völker, Staaten und Religionen war in der Synagoge der Name und das Wort Gottes, waren Mose und die Propheten gegenwärtig. Offensichtlich musste die "Wurzel" ganz real in der ganzen Welt präsent sein, damit die Heiden in diese Wurzel eingepfropft und in die Bundesgemeinschaft mit dem Gott Abrahams in ihrer durch den Neuen Bund erweiterten Form aufgenommen werden konnten. Im Gefolge der zerstreuten Juden und ihrer Synagogen kamen die christlichen Missionare, manchmal auch umgekehrt. Ihre Beziehung zueinander war oft eine Art Hassliebe. Miteinander aber waren sie auf dieselbe Wurzel gegründet. Doch gleichzeitig war das Leiden der Synagoge durch die jahrhundertelange antijüdische Theologie und Predigt unbeschreiblich. In der Verfolgung ist es nicht bei Worten geblieben. Grausam war die Judenverfolgung in den "christlichen" Ländern Europas durch die Kreuzzüge, die Inquisition, Pogrome und den Holocaust.

Es gab aber auch immer eine kleine Schar gläubiger Juden in der christlichen Gemeinde. Sie fühlten sich jedoch als Juden in der Gemeinde oft nicht heimisch, und als Christen wurden sie von ihren jüdischen Geschwistern als Verräter betrachtet. So furchtbar war das Schicksal der "ungläubigen" Juden unter dem Christentum, dass bis auf den heutigen Tag nach Ansicht der meisten Juden jemand aufhört, Jude zu sein, wenn er zum Glauben an Jesus kommt. Aus ihrer Sicht ist er damit ins "Lager des Feindes" hinübergewechselt. Missionarische Aktivitäten unter Juden werden daher von vielen Rabbinern als eine Art Völkermord betrachtet. Was Hitler mit den Gaskammern, mit Auschwitz und den Krematorien letztendlich nicht gelang, nämlich die Ausrottung des jüdischen Volkes, geschehe jetzt mit anderen Mitteln durch die "Judenmission", sagen sie. Aus orthodox-jüdischer Sicht hören Juden, die Christen werden, dadurch auf, Juden zu sein, und so wird nach ihrer Meinung das jüdische Volk dezimiert. Das ist der Grund für die wiederholten Versuche, ein sogenanntes Antimissionsgesetz in Israel einzuführen. Darauf antworten die Messianischen Juden: "Nein, wir spüren genau, dass erst durch unseren Glauben an Jesus unsere jüdische Identität erfüllt und ganz geworden ist!"

DIESELBE WURZEL

Trotz der Spannungen zwischen Christentum und Judentum: Unter der Oberfläche sind sie auf dieselbe Wurzel gegründet, und zwar auf Gottes Bund, genauer, auf seine Bündnisse mit Israel. Genauer formuliert also: Die christliche Gemeinde ist gegründet auf die Wurzel, auf Gottes Beziehung zu Israel. *"... so sollst du wissen, dass nicht du die Wurzel trägst"*, musste Paulus schon den Christen in Rom schreiben, *"sondern die Wurzel trägt dich" (Röm 11,18)*. Wie sehr auch die christliche Theologie, hauptsächlich indem sie schon ganz früh den Glauben der christlichen Gemeinde mit griechisch-philosophischem Denken vermischte, versucht hat, sich von der jüdischen Wurzel zu distanzieren und Israel zu ihrer nichtjüdischen Theologie zu bekehren, so bleibt doch die Wahrheit bestehen: Die geistliche Wurzel der christlichen Gemeinde ist Israel. Genauer gesagt: der Neue Bund, der mit dem Hause Israel und dem Hause Juda geschlossen wurde. Wider ihre heidnische Natur wurden die Gläubigen aus den Heiden in den edlen Ölbaum eingepfropft und bekamen so Anteil an dem Saft seiner Wurzel (siehe Röm 11,24).

Ich möchte das an einem Beispiel deutlich machen: Haben Sie je versucht, einem Juden das Geheimnis der Dreieinigkeit Gottes zu erklären, und zwar mit den Worten des alten christlichen Glaubensbekenntnisses, das bereits stark von der griechischen Philosophie geprägt ist? Wahrscheinlich wird ihr Gegenüber nur mit den Augen gerollt haben! So sehr Sie sich auch bemüht haben mögen, es wird Ihnen wahrscheinlich nicht gelungen sein, dieses Mysterium einleuchtend zu entschlüsseln. Ich versuche es manchmal mit dieser Frage: "Juden glauben doch an den Einen Gott, oder?", und bekomme darauf meistens eine zustimmende Antwort. Ich sage weiter: "Wussten Sie, dass Jesus als frommer Jude genau das gleiche geglaubt hat? Auf die Frage, welches das höchste Gebot von allen sei, hat er geantwortet *'Höre, Israel, der Herr, unser Gott, ist der*

Herr allein', womit er das Sch'ma zitierte, das jeder Jude kennt und das in jeder Mesusa an jedem Türpfosten eines jüdischen Hauses hängt. Jesus hat den ganzen Vers zitiert: *'... und du sollst den Herrn, deinen Gott, lieben von ganzem Herzen, von ganzer Seele, von ganzem Gemüt und von allen deinen Kräften' (5. Mose 6,4.5, zitiert nach Mk 12,29.30)."*

Darauf folgt häufig ein erstauntes "Das hat Jesus geglaubt?", was mir immer wieder deutlich macht, wie sehr wir Christen dazu beigetragen haben, dass die Decke auf den Augen unserer jüdischen Brüder bleibt, die sie daran hindert, Jesu wahres Gesicht zu erkennen. Ich sage dann: "Als Jude glauben Sie doch, dass die Thora ewig ist und dass Gott alle Dinge durch die Thora geschaffen hat, nicht wahr?" "Ja, natürlich!" "Also kann er das tun, und dennoch bleibt er dabei immer der Eine Gott, oder?" "Ja, er war es und wird es immer sein." "Wenn wir uns nun die geschaffenen Dinge ansehen", sage ich dann, "zum Beispiel die Säule aus Wolken und Feuer oder den brennenden Dornbusch, dann sind das alles geschaffene Dinge, durch die Gott sich offenbaren konnte und dabei doch immer der Eine Gott geblieben ist, nicht wahr?" "Ja, klar." "Was ist dann mit dem Engel des Herrn, der in 1. Mose 18,1 'der HERR' genannt, also mit dem unaussprechlichen Gottesnamen JHWH bezeichnet wird? Engel sind geschaffene Wesen. Gott kann sich demnach also durch den Engel des Herrn offenbaren und doch der Eine Gott bleiben, oder?" "Ja." "Kann dann nicht auch die Thora einen Menschen erschaffen, damit Gott sich den Menschen in vollkommener Weise mitteilen und dabei doch der Eine Gott bleiben kann? Kann also die Thora nicht Fleisch werden, die Gestalt eines Menschen annehmen, und dennoch bliebe Gott weiterhin der Eine Gott?" An diesem Punkt angelangt, bekomme ich manchmal zu hören: "Also, so habe ich das noch nie gesehen." Vielleicht kann Gott auf diese Weise anfangen, sich seinem Volk zu offenbaren und die Blinden sehend zu machen.

Doch zurück zur Wurzel. Worin besteht sie? Sie ist der Bund Gottes mit Abraham, mit Israel; die Offenbarung seines Namens JHWH, durch den er sich mit ihnen verband und verbündete (siehe 1. Mose 12,1 - 3; 2. Mose 3,13 - 15). Der Name JHWH steht für Gott in dieser Bundesbeziehung. Deshalb ist dieser Name Gottes tiefste Offenbarung an den Menschen.

Es ist die ewige Thora, das ewige, alles erschaffende Wort Gottes, das im Anfang bei Gott war und schließlich Fleisch wurde (siehe Joh 1,1 - 18). Die Wurzel Israels ist das Wort Gottes, das schöpferische Wort. Das ist JHWH im Alten Bund, das ist das Wort, das Fleisch wurde, das Lamm Gottes des Neuen Bundes. Das ist der Gesalbte, der Messias und König. *"Ich bin die Wurzel und das Geschlecht Davids"*, sagt er (Offb 22,16). *"Ich bin der Weg und die Wahrheit und das Leben; niemand kommt zum Vater denn durch mich" (Joh 14,6).* *"Wer mich sieht, der sieht den Vater!" (Joh 14,9).* *"Ich und der Vater sind eins"*, sagt er (Joh 10,30).

Die Gemeinde, eingepfropft in die alte Wurzel. Sie, die die Synagoge geschmäht und Israel zertreten hat, ist in Wahrheit nur ein in den Neuen Bund eingepfropfter Zweig. Die Christenheit, oftmals eingehüllt in ein antichristliches Gewand, die oft auch in ihren eigenen Reihen die wahren Gotteskinder verfolgt hat. Die "christliche" Kirche, die am Ende sogar zusammen mit allen anderen Religionen Teil eines "Leibes des Antichristen" werden wird, wenn sich weltweit ein neues Verständnis von Religion erhebt: Der Mensch als Gott - die Religion des Menschen. Die Kirche, die in der Endzeit Teil der Hure wird, trunken von dem Blut der Heiligen (siehe Offb 17,6). Trunken vom Blut von Juden und Heiden. Hat, in geistlichem Sinne, in den vergangenen Jahrhunderten nicht immer die in allen Ländern vertretene Synagoge die christliche Gemeinde getragen? Ist sie nicht die unsichtbare geistliche Wurzel der Gemeinde Jesu? Hat Gott die Juden vielleicht auch aus diesem Grund über die ganze Welt zerstreut? Die Juden selbst erkannten dies nicht, die christliche Gemeinde mit Sicherheit aber auch nicht. Und dabei ist es die Synagoge, die immer als blind dargestellt wurde! War sie es nicht, durch die das Wort in der Welt präsent war, das Wort, durch das und von dem ausgehend das Evangelium sich seinen Weg bahnte? Und indem nach dem schrecklichen Blutbad an den sechs Millionen ermordeten Juden so viele Synagogen im "christlichen" Europa erloschen sind und das jüdische Volk nach Israel zurückkehrt, verschwindet damit nicht auch die unsichtbare Wurzel unter der christlichen Gemeinde? Erleben wir auch deshalb den Zusammenbruch des Christentums in Europa? Wenn man die Wurzel kappt, sterben auch die eingepfropften Zweige ab. Wir haben die Wurzel gekappt und zerstört und ihre Früchte geraubt. Zuerst wurde die Wurzel durch eine falsche antijüdische Theologie gekappt, später wurde sie buchstäblich zerstört. Wir haben über sehr Vieles Buße zu tun. Nur wirkliche Buße und Umkehr wird zu einer geistlichen Neubelebung führen. Möge der Herr der Gemeinde Jesu in Europa gnädig sein!

"GANZ ISRAEL"

Eines ist sicher: Gott wird das, was seinem Volk angetan wurde, nicht einfach ignorieren. Die Gnadenzeit für die Heiden scheint in Europa zu Ende zu gehen. In anderen Teilen der Welt außerhalb von Europa, in Nord- und Südamerika, Asien und Afrika, scheint die Gnadenzeit für die Völker noch anzudauern, und es kommen viele zum Glauben. Das hatte Jesus verheißen. Das Evangelium soll in der ganzen Welt gepredigt werden, ehe er zurückkommen würde (siehe Mt 24,14). Auch durch die modernen Massenmedien wird das Evangelium in unserer Generation in allen großen Sprachen der Welt rund um die Uhr bis ans Ende der Erde ausgestrahlt.

Gleichzeitig beginnt Israel in seine Heimat zurückzukehren. Auch dies hatte Jesus gesagt: *"Und er sagte ihnen ein Gleichnis: Seht den Feigenbaum (...): wenn sie jetzt ausschlagen und ihr seht es, so wisst ihr selber, dass jetzt der Sommer nahe ist. So auch ihr: wenn ihr seht, dass dies alles geschieht, so wisst, dass das Reich Gottes nahe ist"* (Lk 21,29 - 31; siehe Mt 24,32.33). Der Feigenbaum ist Israel. Alle Zeichen der Zeiten, die Jesus in seiner Endzeitrede nannte, haben sich in der einen oder anderen Weise bereits in den vergangenen zweitausend Jahren erfüllt oder begonnen zu erfüllen, bis auf zwei. Diese zwei aber erfüllen sich jetzt, in unseren Tagen und vor unseren Augen: die weltweite Verkündigung des Evangeliums und die Rückkehr des jüdischen Volkes nach Israel. Die Wiederkunft Jesu steht also nahe vor der Tür! Wenn Gottes Gnadenwerk unter den Heiden vollendet ist, sowohl qualitativ als auch quantitativ, wenn also die Fülle der Heiden zum Heil gelangt und vollständig eingepfropft sein wird, dann wird ganz Israel gerettet werden.

Wir befinden uns mitten in einem "Szenenwechsel": Das Licht über der Heidenwelt geht allmählich aus, das Licht über Israel beginnt allmählich aufzuleuchten. Ganz Israel wird gerettet werden. Heißt das, dass jeder Jude, der dann in Israel am Leben sein wird, die letzte Generation vor dem Kommen des Herrn, errettet werden wird? Kommt das ganze Volk zum Glauben an Jesus? Alle Männer, Frauen und Kinder, jeder einzelne Jude? Als man Rebecca de Graaf van Gelder, einer in Holland sehr bekannten jüdischen Gläubigen, einmal diese Frage stellte, sagte sie: "Wie meinen Sie das? Haben Sie etwas dagegen? *'Ganz Israel'*, sagt Paulus. *'Alle Geschlechter'*, sagt Sacharja. Wie wird dies geschehen? *'... und so wird ganz Israel gerettet werden'* - und dann weiter: *'wie geschrieben steht'*. Wie also? Wie geschrieben steht. Und was steht geschrieben? *'Es wird kommen aus Zion der Erlöser, der abwenden wird alle Gottlosigkeit von Jakob. Und dies ist mein Bund mit ihnen, wenn ich ihre Sünden wegnehmen werde'*, sagt Gott. Er selber wird dies tun. Durch die Ausgießung des Heiligen Geistes. Durch das Kommen des Erlösers. Durch die Wiederkunft Jesu. Nicht durch Judenmission". Mancher, der die Ausführungen des Paulus in Römer 11 liest, setzt unbewusst hinter *"... und so wird ganz Israel gerettet werden"* einen Punkt und erklärt dann, "ganz Israel" bedeute hier alle jene Heiden und Juden, die an Christus glauben, eben das "geistliche" Israel. Aber das ist eine Spielart der Ersatztheologie, in der man die christliche Gemeinde zum "wahren" Israel erklärt, zum neuen von Gott erwählten Volk, das an die Stelle des alten, ungläubigen Israel tritt. Aber in Römer 9 - 11 spricht Paulus ganz eindeutig über Israel, und nicht über die Gemeinde. "Israel" bedeutet "Israel". In diesen Kapiteln seines Briefes an die Römer ringt Paulus mit der Frage, warum die große

Mehrheit seines eigenen jüdischen Volkes Jesus nicht erkennt. Plötzlich beginnt er zu sehen, dass es eines Tages doch geschehen wird. Er spricht die ganze Zeit von den Juden, von Israel, und dann erklärt er einfach, wie schließlich ganz Israel gerettet werden wird. Wir müssen an der Stelle in Römer 11,26 weiterlesen. Dort steht kein Punkt, sondern ein Komma! *"... und so wird ganz Israel gerettet werden, wie geschrieben steht"* - und was steht geschrieben? Dass Gott selbst kommen und an seinem Volk handeln wird, um es von seinen Sünden zu reinigen und zu erneuern.

Es gibt in der Bibel eine klare Richtung des Handelns Gottes über Israel in die Welt hinein, aber nicht umgekehrt. Natürlich werden im Friedensreich des Messias die Völker nach Israel kommen und in Jerusalem das Laubhüttenfest feiern und ihre Gaben bringen (siehe Sacharja 14). Heute setzen sich Menschen aus aller Welt für Israel ein, indem sie Juden unterstützen und ihnen helfen, nach Israel zurückzukehren. Auf der praktischen Ebene fließt also Hilfe und Unterstützung von den Nichtjuden nach Israel und zu den Juden. Und geistlich? Ja, auch, und zwar zuerst und vor allem durch Gebet. Hin und wieder vielleicht auch durch die Möglichkeit, auf eine Nachfrage hin ein Glaubenszeugnis zu geben. Und dann mag es auch geschehen, dass Gott dieses Zeugnis gebraucht, um einem Juden die Augen für Jesus zu öffnen, so dass er zu dem Überrest nach der Wahl der Gnade Gottes hinzukommt. Aber grundsätzlich entspringt die Quelle des Heils am Thron Gottes und strömt über Israel in die Welt hinein. Das Geheimnis vom Unglauben Israels ist das Geheimnis vom Hinzukommen der Heidenvölker. Genauer gesagt, ist es das Geheimnis, wie Gott aus den Heiden *"ein Volk für seinen Namen"* gewinnt, um sich danach wieder seinem Volk zuzuwenden, wenn er *"die zerfallene Hütte Davids wieder bauen"* und dann über Jerusalem und das wiederhergestellte Israel unter dem Messias-König das Heil von Jerusalem aus in eine erneuerte Welt ausströmen lassen wird (siehe Apg 15,14.16). Zuerst eine christliche Gemeinde, die Braut des Lammes aus Juden und Heiden, zwischen denen kein trennender Zaun mehr ist (siehe

Eph 2,11 - 22), als Königin für den König, und danach ganz Israel, gerettet und dazu bestimmt, ein Segen zu sein mitten auf Erden.

Israel zieht hin zu seiner Ruhe, denn Gott wird ihm Ruhe geben. Dreimal haben wir ein göttliches "BIS" gesehen:

Jerusalem wird von den Heiden zertreten, **bis** die Zeiten der Heiden erfüllt sind. Israel ist eine Zeit lang und zum Teil verstockt, **bis** die Fülle der Heiden zum Heil gelangt und die Vollzahl der christlichen Gemeinde erreicht und in die Wurzel, Gottes Neuen Bund mit Israel, eingepfropft ist. Wann dieser Punkt da ist, weiß Gott allein. Und das jüdische Volk wird Jesus nicht mehr sehen, **bis** es sagen wird: "Gelobt sei, der da kommt im Namen des Herrn". Aber eines Tages wird Israel genau diese Worte sprechen.

Wir sollten sehr wachsam sein, denn der Feigenbaum beginnt in unseren Tagen schon eine Menge grüner Blätter zu treiben. Sie steht vor der Tür, die Erfüllung der drei göttlichen "BIS"! Die Ereignisse unserer Zeit und unserer Welt sind von einer großen Eile geprägt. Man könnte fast sagen, dass die Zeit beschleunigt oder auch verkürzt wird. Der Herr beeilt sich, seinen Heilsplan zu vollenden. Es ist eine heilige Eile, denn er weiß, dass, wenn diese Tage nicht verkürzt würden, kein Mensch selig würde (siehe Mt 24,22; Mk 13,20). Deshalb sollte jeder eilends zu ihm umkehren, damit er gerettet wird für Zeit und Ewigkeit. Noch ist Zeit, Gnadenzeit!

Es gibt nichts, was Sie daran hindern könnte, Ihr Leben Jesus zu geben.

6 DIE WURZEL DES HASSES

"Gott, schweige doch nicht!
Gott, bleib nicht so still und ruhig!
Denn siehe, deine Feinde toben,
und die dich hassen, erheben das Haupt.
Sie machen listige Anschläge wider dein Volk
und halten Rat wider die, die bei dir sich bergen.
'Wohlan!', sprechen sie, 'Lasst uns sie ausrotten,
dass sie kein Volk mehr seien und des Namens Israel
nicht mehr gedacht werde!'
Denn sie sind miteinander eins geworden
und haben einen Bund wider dich gemacht..."
(Psalm 83,1 - 6)

Hass auf die Juden ist Hass gegen den Gott der Juden. So klingt es deutlich aus der Klage des Psalmdichters zum Himmel empor. Aus der Tiefe des Elends des jüdischen Volkes: "O Gott, siehst du denn dies alles nicht? Natürlich siehst du es, aber schweige dann doch nicht, sei doch nicht so still, sieh doch nicht tatenlos zu, o Gott. Es sind ja nicht nur unsere Feinde, sondern es betrifft auch dich! Sie sind deine Feinde, du bist es, den sie hassen. Sie schmieden einen Anschlag gegen dein Volk, denn das sind wir, Israel, dein Volk. Sie wollen die vernichten, die sich bei dir bergen, und damit ist es deine Sache. Sie wollen dich ins Herz treffen. Wie wollen deine Feinde das tun? Indem sie das jüdische Volk ausrotten, damit des Namens Israel nicht mehr gedacht werde". Gegen Israel werden die größten Feinde auf einmal zu Freunden, genau wie gegen Jesus: *"An dem Tag wurden Herodes und Pilatus Freunde; denn vorher waren sie einander Feind"* (Lk 23,12). Und auch gegen Israel schließen sich die Reihen. Der Psalmist zählt die Feinde auf: *"... die in den Zelten von Edom und Ismael wohnen, Moab und die Hagariter, Gebal, Ammon und Amalek, die*

Philister mit denen von Tyrus; auch Assur hat sich zu ihnen geschlagen, sie helfen den Söhnen Lot" (Ps 83,7 - 9).

Es gibt nichts Neues unter der Sonne. Sobald Israel wieder auf der Weltbühne des Nahen Ostens erscheint, schließen sich die Feinde zusammen. Große Feinde wie Syrien, der Irak und der Iran (das alte Gebiet des Reiches Assur) und kleinere Feinde wie die Palästinenser (die sich für die Nachfahren der Philister halten und den Namen "Palästina" auch wie "Philistäa" aussprechen) und Völker, die in Jordanien (Edom, Moab, Ammon und Lot) und in den Staaten und Scheichtümern der arabischen Halbinsel leben (die Ismaeliter), werden sich trotz aller gegenseitigen Uneinigkeit plötzlich einig, wenn es um den Hass gegen Israel geht. Dann kommt die Arabische Liga auf einmal zu gemeinsamen Entscheidungen und Maßnahmen. *"Denn sie sind miteinander eins geworden"*, sagt der Psalmdichter, und er hat einen klaren Durchblick: *"und haben einen Bund wider dich gemacht"*. Es ist der Kampf zwischen dem Gott Israels und den anderen Göttern, wie Allah. Darum geht es im Hass gegen Israel im tiefsten Sinne.

Denn Israel ist ein Zeichen, das Gott selbst in dieser Welt aufgerichtet hat. Als der preußische König Friedrich der Große einmal von einem seiner Generäle, der als tief gläubiger Mann bekannt war, einen Beweis für die Existenz Gottes forderte, dachte dieser einen Augenblick nach und sagte dann: "Die Juden, Majestät!" Kein Volk auf Erden wurde so häufig verfolgt und zerstreut, dabei mehrmals sogar fast vernichtet, und ist dennoch ein eigenständiges Volk, ein Volk mit eigener Identität geblieben. Wie oft sich Israel auch anpassen und in den Völkern seiner Zerstreuung, in der es umgebenden Welt aufgehen wollte, es ist ihm niemals gelungen. Wenn Israel sich selber schon nicht von seiner Umgebung unterscheiden wollte, so haben seine Feinde es schon daran erinnert, dass es anders ist. Obwohl sie jahrhundertelang in fremder Umgebung lebten und sich selber kaum mehr ihrer jüdischen Identität bewusst waren, wussten ihre Nachbarn doch immer genau, wer Jude war und wer nicht. Hitlers Häscher konnten sie genauestens ermitteln. In Rußland und den umliegenden Satellitenstaaten wussten die glühenden Judenhasser in den Pogromen ihre Opfer zu finden.

Es sind dämonische Mächte, die den Judenhass entfachen und immer wieder Menschen für ihre Zwecke benutzen, was jedoch nicht heißt, dass diese Menschen nicht selber die volle Verantwortung für ihre Taten tragen. Es ist der große Feind Gottes und der Menschen, der Teufel, von der Bibel "ein Mörder von Anfang" und "der Vater der Lüge" genannt, der seinen Hass gegen Gott auf das Volk Gottes richtet. Und wenn dieser Hass auf das jüdische Volk niedergeht, so trifft er meistens auch die Christenheit, vor allem die wirklich gläubigen Christen. So war es unter Hitler, so war es unter Stalin und dem russischen Kommunismus. Was das angeht, stehen sich faschistische, nationalsozialistische und kommunistische Diktaturen in nichts nach. Ideologisch mögen sie verbissene Gegner sein, aber in ihrem Hass gegen alles, was mit Gott und der Bibel zusammenhängt, sind sie ein Herz und eine Seele. Sie *"haben einen Bund wider dich gemacht"*, sagt der Psalmdichter. Hass auf Israel ist Hass gegen den Gott Israels.

DIE GÖTTER ÄGYPTENS

Dieser Hass gegen Israel besteht von Anfang an. Als Israel ein Volk wurde, war er bereits da. Die Söhne Jakobs gerieten durch eine Hungersnot nach Ägypten und wuchsen dort zu einem Volk, einem überaus starken Volk heran. Dann kam in Ägypten ein Pharao auf den Thron, der nichts mehr von dem wusste, was Josef für das Land getan hatte. Er machte die Söhne Israels zu Sklaven: *"Wohlan, wir wollen sie mit List niederhalten (...). Und man setzte Fronvögte über sie, die sie mit Zwangsarbeit bedrücken sollten. Und sie bauten dem Pharao die Städte Pitom und Ramses als Vorratsstädte"* (2. Mose 1,10.11). Den Israeliten wurde das Leben unerträglich gemacht: *"Da zwangen die Ägypter die Israeliten unbarmherzig zum Dienst und machten ihnen ihr Leben sauer mit schwerer Arbeit in Ton und Ziegeln und mit mancherlei Frondienst auf dem Felde, mit all ihrer Arbeit, die sie ihnen auflegten ohne Erbarmen"* (2. Mose 1,13.14). Das war schwerste Sklavenarbeit. Systematisch wurde der Druck auf das Volk immer mehr erhöht, teils aus wirtschaftlichen Erwägungen, vor allem aber aus purem Hass. Dann begann das Morden. Alle männlichen Neugeborenen sollten durch die hebräischen Hebammen getötet werden. Als dieser Befehl nicht befolgt wurde, sollten alle männlichen Babys öffentlich und vor allen sichtbar in den Nil geworfen werden, so dass sie ertranken. Nur die Mädchen durften am Leben bleiben (siehe 2. Mose 1,15 - 22). Später wurde die Sklavenarbeit immer schwerer gemacht. Das Stroh, das benötigt wurde, um die Lehmziegel haltbarer zu machen, indem man es mit dem Lehm vermengte, wurde den Israeliten jetzt nicht mehr geliefert, sondern sie mussten es sich fortan selber von den Feldern holen, trotzdem aber die gleiche Anzahl Ziegelsteine herstellen (siehe 2. Mose 5,1 - 21).

Fast unerträglich wurde das Leiden der Israeliten, aber dann griff Gott ein: Mose, der wohlgemerkt von einer ägyptischen Prinzessin aus dem todbringenden Wasser des Nils gerettet worden war (siehe 2. Mose 2,1 - 10), wird am Hof des Pharao erzogen (welch göttliche Ironie!), wo er in aller Weisheit der Ägypter gelehrt wurde (siehe Apg 7,22). Nach einer vierzig Jahre dauernden geistlichen Erziehung in der Wüste wird Mose von Gott berufen, das Volk Israel in einem großen Exodus aus Ägypten herauszuführen. Zuvor aber führt Gott mit den zehn Plagen über Ägypten einen Krieg gegen die falschen Götter Ägyptens, denn auch Israel musste dadurch erst erkennen, wer der Herr ist.

Hesekiel wird viele Jahre später im Namen Gottes sagen: *"So spricht Gott der HERR: Zu der Zeit, als ich Israel erwählte, erhob ich meine Hand zum Schwur für das Geschlecht des Hauses Jakob und gab mich ihnen zu erkennen in Ägyptenland. Ja, ich erhob meine Hand für sie und schwor: Ich bin der HERR, euer Gott. Ich erhob zur selben Zeit meine Hand zum Schwur, dass ich sie führen würde aus Ägyptenland in ein Land, das ich für sie ausersehen hatte, das von Milch und Honig fließt, ein edles Land vor allen Ländern, und sprach zu ihnen: Ein jeder werfe weg die Gräuelbilder vor seinen Augen, und macht euch nicht unrein mit den Götzen Ägyptens; denn ich bin der HERR, euer Gott"* (Hes 20,5 - 7).

In Ägypten hatte Israel den Göttern Ägyptens gedient. Josua, Moses Nachfolger, forderte das Volk Israel später auf: *"So fürchtet nun den HERRN und dient ihm treulich und rechtschaffen und lasst fahren die Götter, denen eure Väter gedient haben jenseits des Euphratstroms und in Ägypten, und dient dem HERRN. Gefällt es euch aber nicht, dem HERRN zu dienen, so wählt euch heute, wem ihr dienen wollt: den Göttern, denen eure Väter gedient haben jenseits des Stroms, oder den Göttern der Amoriter, in deren Land ihr wohnt. Ich aber und mein Haus wollen dem HERRN dienen"* (Jos 24,14.15).

Aber das Volk hatte sich nicht von ganzem Herzen für den Herrn entschieden, und so muss Gott durch den Propheten Hesekiel sagen: *"Sie aber waren mir ungehorsam und wollten mir nicht gehorchen, und keiner von ihnen warf die Gräuelbilder vor seinen Augen weg, und sie verließen die Götzen Ägyptens nicht. Da dachte ich, meinen Grimm über sie auszuschütten und meinen ganzen Zorn an ihnen auszulassen noch in Ägyptenland. Aber ich unterließ es um meines Namens willen, damit er nicht entheiligt würde vor den Heiden, unter denen sie waren und vor deren Augen ich mich ihnen zu erkennen gegeben hatte, dass ich sie aus Ägyptenland führen wollte. Und als ich sie aus Ägyptenland geführt und in die Wüste gebracht hatte, gab ich ihnen meine Gebote und lehrte sie meine Gesetze, durch die der Mensch lebt, der sie hält"* (Hes 20,8 - 11).

Rings um Israel und oft auch um den Einsatz von Israels Existenz spielt sich der Kampf zwischen Jahwe, dem lebendigen Gott, dem Gott Israels, und den Götzen ab. Gegen welche Götzen ging es dabei in Ägypten? Das geht aus den zehn Plagen hervor. Mit der ersten Plage wurde der Nil getroffen, der als der lebenspendende Gott Hapi angebetet wurde. Das Nilwasser wurde zu Blut. Der Nil war vielen israelitischen Säuglingen zum Grab geworden, und nun konnte er den Ägyptern nicht mehr länger seine lebenspendende Kraft schenken. Ja, das Wasser war giftig und untrinkbar geworden, die Fische starben, und alles stank nach Verwesung. Welch eine Erniedrigung!

Die Froschplage war eine Demütigung der Hekt, einer Erscheinungsform der Göttin Hathor. Die Mücken- und Stechfliegenplage traf Isis, die Frau des Osiris, und wiederum Hathor, eine der bedeutendsten ägyptischen Göttinnen, die in der Gestalt eines Rindes verehrt wurde. Sowohl Menschen als auch Vieh litten unter dieser Plage. Die Viehpest- und die Blatternplage richtete sich gegen Ptah (oder Apis), den Stiergott von Memphis, und auch gegen andere Götter, die in Gestalt von Rindern, Widdern, Ziegen und anderen Tieren angebetet wurden. Serapis war der Schutzgott gegen Heuschrecken, aber als Ägypten von der Heuschreckenplage getroffen wurde, erwies er sich als hilf- und nutzlos.

Und dann kam die Finsternis! Der oberste Gott der Ägypter war der Sonnengott Ra. Aber Ra konnte gegen die dreitägige dichte Finsternis nichts ausrichten. Der Pharao galt als Sohn des Ra. Als aber die zehnte Plage seinen eigenen erstgeborenen Sohn samt allen erstgeborenen Söhnen in Ägypten umbrachte, stand der "göttliche" Pharao machtlos da (siehe 2. Mose 12,29 - 32). Die zehn Plagen hatten deutlich gezeigt, dass Ägyptens falsche, mit Händen gemachte Götter nicht in der Lage waren zu retten und zu helfen. Ägyptens Religion, die die Natur und die Geschöpfe vergötzte, konnte weder Mensch noch Tier beschützen, auch nicht Ägyptens Erstgeborene. Die jüdischen Kinder aber blieben im Land Gosen in Ägypten am Leben! Israels Kinder waren einst ermordet worden, aber jetzt zeigte sich, wer der Herr ist. Durch das an die Türpfosten gestrichene Blut eines geschlachteten Lammes (ein Hinweis auf Christus als das Lamm, das für die Sünden der Welt geschlachtet werden sollte, wodurch Gottes Zorn auch an sündigen, verlorenen Menschen, die ihre Hoffnung auf Jesus gesetzt haben, vorübergeht) war das Volk Israel im Land Gosen in Ägypten in Sicherheit (siehe 2. Mose 12,1 - 30). Als dann das Volk aus Ägypten auszog, wurde das Wasser des Schilfmeeres durch einen starken Ostwind geteilt, und Israel zog sicher mitten hindurch, während der Pharao und seine Wagenkämpfer jämmerlich ertranken (siehe 2. Mose 13,17 - 14,31).

ERNEUTE ABGÖTTEREI

So offenbart Gott sich in der Welt durch sein Handeln an seinem Volk Israel. Vor den Augen der Völker dieser Welt und vor den Augen Israels. Immer wieder macht er deutlich, wer der einzig wahre Gott ist. So wird beispielsweise ein Mann namens Bileam vom König von Moab, der Israel herankommen sieht und von den Siegen weiß, die Israel in der Wüste über feindliche Völker errungen hat, gebeten, das Volk zu verfluchen. Doch obgleich Bileam das gerne tun würde, ist er mit allen seinen okkulten, dämonischen Kräften machtlos gegen den Gott Israels. Gegen seinen Willen muss er Israel segnen statt verfluchen (siehe 4. Mose 22,1 - 24,25). *"Wie soll ich fluchen, dem Gott nicht flucht? Wie soll ich verwünschen, den der HERR nicht verwünscht? (...) Siehe, das Volk wird abgesondert wohnen und sich nicht zu den Heiden rechnen"* (4. Mose 23,8.9).

Doch trotz allem fiel Israel immer wieder in die Abgötterei zurück. Als Mose das Volk lange Zeit allein ließ, wurde das goldene Kalb errichtet und in ihm Hathor, eine der ägyptischen Göttinnen, erneut angebetet. Auch im verheißenen Land, nachdem Gott Israel den Sieg über die Kanaaniter und ihre vielen gräulichen Götzen mit Kinderopfern und Tempelprostitution geschenkt hatte, wurde Israel immer wieder rückfällig und diente den gleichen Abgöttern: dem Moloch, den Baalen und den Astarten. Die Anbetung der Schöpfung statt des Schöpfers ist Götzendienst. Das Suchen und Verehren der Kräfte in der Natur und der übernatürlichen Kräfte in der Dämonenwelt ist Götzendienst. Der Mensch, der sich selbst verehrt und dient anstelle seines Schöpfers, begeht Götzendienst. Darauf erfolgt unwiderruflich Gottes Zorn (siehe Röm 1,18 - 25).

Immer wieder aufs neue aber zeigt der Herr, wer er ist. Als Israel in die babylonische Gefangenschaft zieht, muss Nebukadnezar, der Zerstörer des Tempels in Jerusalem, zur Anbetung des Gottes Israels kommen (siehe Dan 4,31 - 34). Sein goldenes Götzenbild muss der Anbetung des Gottes der Juden weichen (siehe Dan 3,28 - 30).

Auch die Perser müssen lernen, was mit Judenhassern wie Haman und mit allen, die das jüdische Volk vernichten wollen, geschieht. Noch heute feiert Israel alljährlich das Purimfest, um mit der Lesung des Buches Ester aus der Bibel daran zu erinnern, dass diese große, von Haman beabsichtigte Vernichtung des jüdischen Volkes nicht stattgefunden hat.

Interessant ist, dass der große Antisemit Haman aus Amalek stammt, das Israel schon während der Wanderschaft durch die Wüste so zugesetzt hatte (siehe Ester 3,1.10). Er stammte von Agag ab, jenem König, den Israels erster König Saul gegen Gottes ausdrücklichen Befehl am Leben gelassen hatte, so dass der Prophet Samuel persönlich eingreifen und ihn töten musste (siehe 1. Sam 15).

Auch Bileam hatte schon von Agag gesprochen (siehe 4. Mose 24,7), und an dieser Stelle übersetzt die Septuaginta, die griechische Übersetzung des Alten Testaments, den Namen Agag mit "Gog". Gog ist ein weiterer mächtiger Feind, der in der Endzeit Israel bedrohen wird, sagt der Prophet Hesekiel (siehe Hes 38 - 39; Offb 20,8). Aber auch er wird, genau wie alle anderen Judenhasser und Antichristen, am Ende vernichtet werden.

VERNICHTUNGSPHASEN

Der Pharao, Agag, Haman, Gog - die Liste großer Antisemiten lässt sich endlos fortsetzen, der bisher schlimmste aber war wohl Hitler. Auch er hat, genau wie Pharao, den Druck systematisch erhöht.

Phase 1 (1933): die Nazis kommen an die Macht und plündern jüdische Läden, es kommt zum Boykott jüdischer Geschäfte und zur regelmäßigen Misshandlung von Juden.

Phase 2 (1935): die Nürnberger Rassengesetze grenzen Juden von großen Teilen des wirtschaftlichen und öffentlichen Lebens aus.

Phase 3 (1939): Massenverhaftung von zwanzigtausend Juden;

die erste systematische Anwendung körperlicher Gewalt und erste Massendeportationen in Konzentrationslager. Bis 1939 konnten Juden sich die Ausreise aus Deutschland noch erkaufen, nach 1939 kostete es sie ihr ganzes Vermögen, und sogar dann gelang es nur noch wenigen zu entrinnen.

Phase 4 (1940): Deportation aller deutschen und österreichischen Juden in polnische Ghettos.

Phase 5: Die sogenannte "Endlösung". Zuerst führten Mordkommandos, die "Einsatzgruppen", hinter der Front im Gefolge der Wehrmacht die systematische Ermordung der jüdischen Bevölkerung durch. Nach 1941 (zeitgleich mit dem Überfall auf die Sowjetunion) verwandelten sich die Konzentrationslager von Gefangenen- und Arbeitslagern in regelrechte Schlachthöfe. Millionen von Juden werden ermordet. Neue Erfindungen (wie zum Beispiel das Gas Zyklon B) sollen das Vernichtungstempo so hoch wie möglich steigern. Das Endergebnis (obgleich sich die genaue Zahl nicht mehr feststellen lässt): mindestens sechs Millionen Juden wurden auf grausame, bestialische Weise ermordet, darunter etwa eineinhalb Millionen Kinder. Sechs Millionen Menschen! Dafür fehlen einem die Worte!

Die "arische Superrasse" erhob sich gegen Gottes Volk, das als "Untermenschen" betrachtet wurde, als Abschaum der menschlichen Gesellschaft, als Schädlinge, als Ratten oder bestenfalls Versuchskaninchen, an denen man bedenkenlos grausame medizinische Experimente durchführen konnte, denn dann waren sie wenigstens noch irgendwie nützlich. Als Missgebilde der Evolution, die vernichtet werden müssen, weil sie das Fortschreiten dieses Evolutionsprozesses auf dem Weg zum "Übermenschen" aufhielten. Hatte Darwin nicht gelehrt, dass es um das "survival of the fittest", um das Überleben des Stärksten ging?

Hitler war ein großer Bewunderer von Charles Darwin (wie übrigens auch Karl Marx, der Begründer des Kommunismus). Die Idee einer "Überrasse" stammte nicht von Hitler. Die "Rassenlehre" war schon seit Jahrzehnten an deutschen Universitäten ausgearbeitet und weiterentwickelt worden. Der Grundgedanke war, dass menschlicher Fortschritt nur durch

Kampf möglich ist, also durch die Vernichtung einer schwächeren, weniger gut angepassten Spezies durch die stärkere. Damit rechtfertigte man die Beseitigung aller "Untermenschen", die einer gesunden Aufwärtsentwicklung der menschlichen Rasse im Wege stünden. Deshalb wurden von den Nazis außer den Juden auch geisteskranke Menschen, geistig und körperlich Behinderte, Homosexuelle, Zigeuner und andere "Untermenschen" umgebracht.

Welchen ideologischen Anstrich man dem Hass auch gibt, letzten Endes ist es immer Hass gegen Gott. Hass gegen den Schöpfer des Himmels und der Erde. Hass gegen das Volk, das er sich auserwählt hat, um seinen Willen in der Welt zu verwirklichen. Hass gegen den großen Sohn des jüdischen Volkes, Jesus Christus.

Juden haben im Allgemeinen ein eher optimistisches Menschenbild: der Mensch sei eine Mischung aus Gut und Böse, ähnlich wie im Humanismus, der lehrt, dass der Mensch an sich gut sei und dass alles Böse im Menschen durch eine Verbesserung der Erziehung und der Lebensumstände überwunden werden könne. Dies steht im Gegensatz zur Lehre der Bibel, dass jeder Mensch von Natur her geneigt ist, Gott und seinen Nächsten zu hassen. Immer wieder dachte das jüdische Volk: "So schlimm wird es schon nicht werden; die guten Kräfte im Menschen werden letzten Endes doch wieder die Oberhand bekommen".

Hitler hatte in seinem Buch "Mein Kampf" ausführlich dargelegt, was er von den Juden hielt und was mit ihnen geschehen sollte. Aber die meisten Juden glaubten nicht im Traum daran, dass er seine Worte so konsequent und so schnell wahr machen würde. Und sie blieben. Bis es zu spät war und sie nicht mehr fliehen konnten.

"CHRISTLICHER" HASS

Hass auf die Juden wurde auch vom Scheinchristentum gepredigt. Als gerechtfertigter Hass auf die "Gottesmörder". Jesus Christus aber war das Lamm Gottes, das um der Sünden der Welt willen freiwillig sein Leben gelassen (siehe Joh 10,18) und am Kreuz gebetet hat: *"Vater, vergib ihnen; denn sie wissen nicht, was sie tun!" (Lk 23,34).* Sollte der Vater die Bitte seines sterbenden Sohnes nicht erhören?

Aber diese angeblich "christliche", in Wirklichkeit jedoch antichristliche Theologie hat das jüdische Volk jahrhundertelang kollektiv für den Tod Jesu verantwortlich gemacht. Die Christen sind weniger barmherzig als Gott. Man kann es nicht oft genug wiederholen, dass die Kreuzzüge, die Inquisition, Pogrome und der Holocaust Ausprägungen des "christlichen" Antisemitismus sind und in Ländern mit christlich geprägter Kultur stattfanden. Auch heute gibt der Weltkirchenrat eine pro-palästinensische Aussage und Erklärung nach der anderen heraus. Ebenso hat die römisch-katholische Kirche, trotz mehrerer positiver Erklärungen und vorsichtiger Aussagen über christlichen Antisemitismus in der Vergangenheit, jahrzehntelang den Staat Israel nicht wirklich anerkannt. Die Israelreise von Papst Johannes Paul II. im Jahr 2000 und sein Schuldbekenntnis haben großen Eindruck in Israel gemacht. Und die Haltung der römisch-katholischen Kirche Israel gegenüber kann in vielem heutzutage ein Beispiel für andere Kirchen, wie die des Weltkirchenrates, sein. Dennoch muss sich in den vielen Kirchen weltweit, auch in denen, die sehr weit von Rom entfernt sind, die ablehnende Haltung Israel gegenüber grundsätzlich ändern. Aber das betrifft sowohl römisch-katholische als auch orthodoxe, protestantische, evangelische, evangelikale, charismatische und pfingstliche Kirchen. Wir alle als Christen müssen Buße tun und uns Israel gegenüber grundsätzlich ändern.

Die Ersatztheologie ist die Lehre, dass Israel als Gottes auserwähltes Volk verworfen worden sei, nachdem die Juden zum weitaus größten Teil Jesus nicht als Messias angenommen hätten, und dass jetzt die christliche Gemeinde als das neue Volk Gottes Träger der göttlichen Verheißungen aus der Heiligen Schrift sei, während die Verfluchungen und Gerichtsworte ausschließlich dem jüdischen Volk und Israel gälten. Diese judenfeindliche Lehre wurde jahrhundertelang verkündet und hat das Selbstverständnis und die Theologie sowohl der römisch-katholischen Kirche als auch der protestantischen und orthodoxen Kirchen entscheidend geprägt. Besonders unter den arabischen und palästinensischen Christen ist diese Lehre noch sehr lebendig und stark verbreitet, so dass es sie oft nur wenig Mühe kostet, in die Hassparolen und Verurteilungen einzustimmen, mit denen ihre islamischen Brüder Israel überschütten.

Aber Hass gegen Israel ist Hass gegen Gott. Auch "christlicher" Hass gegen Israel, welchen theologischen Anstrich man ihm auch immer geben mag, ist Hass gegen Gott. Viele weisen seit einiger Zeit auf einen Umschwung zugunsten Israels in der christlichen Theologie hin. Wie weit dieser Umschwung geht, muss sich noch herausstellen. Die besten Jahre dieses theologischen Denkens haben wir allerdings wohl schon wieder hinter uns. Nach dem zweiten Weltkrieg gab es allenthalben die Bereitschaft, gegenüber dem jüdischen Volk und Israel eine andere Haltung, auch im theologischen Sinne, einzunehmen. Vor allem auch die reformierte Theologie in den Niederlanden hat sich damit hervorgetan, aber in den letzten Jahren ist auch dort wieder ein Umschwung in die Gegenrichtung bemerkbar. Jetzt betrachtet man eher die Palästinenser als den ungerecht behandelten und benachteiligten "Underdog", und das theologische Denken ändert sich zugunsten einer palästinensischen "Befreiungstheologie".

Gottes Gedanken sind anders. Er hält seinen Bündnissen mit Israel die Treue. Israel zieht hin zu seiner Ruhe, einer Ruhe für Geist, Seele und Leib. Denn physisch ist der neugegründete jüdische Staat, in dem Juden mitten in ihrem Land und ihrem eigenen Besitz sie selbst sein können, eine nicht zu leugnende Tatsache. Und eines Tages wird Gott seinen Heiligen Geist dort, im verheißenen Land, auf sein Volk ausgießen, so wie es die Propheten Joel, Jeremia, Hesekiel und Sacharja vorhergesagt haben. Dann wird die jüdische Seele ganz zur Ruhe kommen und sich an dem Heil erfreuen dürfen, das der Gott Abrahams, Isaaks und Jakobs, der Vater unseres Herrn Jesus Christus, ihnen schenken und in ihnen wirken wird. Dann wird Israel mitten auf Erden in Sicherheit wohnen und allen Völkern zum Segen sein. Denn Gott hat Israel nicht um seiner selbst willen auserwählt, sondern um durch Israel die Welt zu segnen. Und er wird das Werk vollenden, das seine Hand angefangen hat.

7 DIR WILL ICH DAS LAND KANAAN GEBEN

"Er ist der HERR, unser Gott,
er richtet in aller Welt.
Er gedenkt ewiglich an seinen Bund,
an das Wort, das er verheißen hat für tausend Geschlechter,
an den Bund, den er geschlossen hat mit Abraham,
und an den Eid, den er Isaak geschworen hat.
Er stellte ihn auf für Jakob als Satzung
und für Israel als ewigen Bund
und sprach: 'Dir will ich das Land Kanaan geben,
das Los eures Erbteils' " (Psalm 105,7 - 11).

Das sind eindrucksvolle Worte. Der ewige Gott verbindet sich durch einen ewigen Bund mit Abraham, Isaak und Jakob und mit ihren nachfolgenden Geschlechtern, mit Israel. Der Herr schwört hier bei sich selbst. Er leistet einen feierlichen Eid. "So wahr mir Gott helfe", sagen wir, wenn wir einen Eid zu leisten haben. Manchmal mit einer Hand auf der Bibel und die andere Hand zum Himmel erhoben. Eine verbindlichere Erklärung als einen Eid gibt es nicht, und auf Meineid steht schwere Strafe. Der Herr kann bei niemandem schwören, der größer ist als er selbst, denn es gibt keinen Größeren. Er schwört also bei sich selbst. *"Ich habe bei mir selbst geschworen, und Gerechtigkeit ist ausgegangen aus meinem Munde, ein Wort, bei dem es bleiben soll",* sagt er zu Jesaja (Jes 45,23). Und durch den Propheten Jeremia spricht Gott: *"Werdet ihr aber diesen Worten nicht gehorchen, so habe ich bei mir selbst geschworen, spricht der HERR: Dies Haus soll zerstört werden" (Jer 22,5). "Ich habe **einmal** geschworen bei meiner Heiligkeit und will David nicht belügen",* sagt Gott in Psalm 89,36. Wenn Gott schwört, so ist es die absolute, zuverlässige Wahrheit, die aus seinem Munde kommt. So hat er Abraham ein Wort verheißen und einen Eid ge-

84

schworen (siehe 1. Mose 12,2 - 7; 17,4 - 8), ebenso Isaak (siehe 1. Mose 26,2 - 5) und Jakob (siehe 1. Mose 28,13 - 15; 35,9 - 12) und es für Israel als ewigen Bund aufgestellt, als er sprach: *"Dir will ich das Land Kanaan geben, das Los eures Erbteils"*.

Wie lange dauert "ewig"? Bis Jesus Christus kam und die Juden ihn verwarfen?

Als die Mehrheit des jüdischen Volkes Jesus ablehnte und sagte: *"Wir wollen nicht, dass dieser über uns herrsche"* *(Lk 19,14)*, war damit der ewige Bund Gottes auf einmal beendet? Nein, ewig heißt ewig, ohne Ende, für immer. Dieser Bund ist heute noch in Kraft.

Was war der Inhalt des ewigen Bundes, des feierlichen Eides, den Gott bei sich selbst geschworen hat? *"Dir will ich das Land Kanaan geben"*. *"Das Land ist mein"*, sagt Gott (3. Mose 25,23), und er gibt es Israel zum Besitz. Er schenkt es Israel. War das Land unbewohnt, als der Herr es Abraham verheißen hatte? Nein, es war bewohnt von den Kenitern und den Kenasitern, den Kadmonitern, Hetitern, Perisitern, Refaitern, Amoritern, Kanaanitern, Girgaschitern und Jebusitern (siehe 1. Mose 15,19 - 21; 5. Mose 7,1). Trotzdem gab Gott Israel das Land. Wollte er etwa dafür sorgen, dass die anderen Völker es freiwillig verließen, ehe Israel es in Besitz nehmen würde? Nein, Israel musste das verheißene Land eigenhändig erobern. Um das zu erreichen, musste Josua, Moses Nachfolger, unter dessen Führung das Volk Israel nach seiner vierzigjährigen Wüstenwanderung in das Land Kanaan einziehen sollte, sehr stark und mutig sein. Das wurde ihm und dem Volk viele Male geboten (siehe 5. Mose 31,1 - 8.23; Jos 1,1 - 9). *"Jede Stätte, auf die eure Fußsohlen treten werden, habe ich euch gegeben, wie ich Mose zugesagt habe"*, spricht der Herr zu Josua (Jos 1,3). Josua sollte im Glauben mutig und festen Schrittes vorwärts gehen. Das ist wahrer Glaube. Wer im Glauben und Gehorsam vorangeht, wird eines Tages das Land besitzen. Aber man muss selber Schritt für Schritt gehen. Es fällt niemandem einfach so in den Schoß.

GERICHT TROTZ DES BUNDES

Weshalb wurde dieses Land Kanaan den heidnischen Völkern, die dort wohnten, weggenommen?

Weil das Maß ihrer Schuld voll war (siehe 1. Mose 15,16). Gottes Gericht kam über diese Völker. Manchmal durfte Israel nicht einen von ihnen am Leben lassen, manchmal nicht einmal ihren Besitz als Beute nehmen, wie bei Jericho, wo alles Gold und Silber sowie alle Geräte aus Bronze und Eisen nur zu dem Schatz des Herrn gelegt werden durften, weil sie für ihn geheiligt waren (siehe Jos 6,17 - 19). Achan, der dennoch etwas für sich selber nahm, war die Ursache für Israels anfängliche große Niederlage während der darauffolgenden Eroberung der Stadt Ai (siehe Jos 7,1 - 5). Erst als Achan mit seiner ganzen Familie, die sich offensichtlich an dem Diebstahl beteiligt hatte, getötet worden war (siehe Jos 7,6 - 26), konnte Israel Ai erobern (siehe Jos 8,1 - 29).

Aber genauso, wie Gottes Gericht die Völker in Kanaan wegen ihrer bösen Taten trifft, so trifft es auch Israel selbst wegen seiner Übertretungen. Mose hatte sie gewarnt: *"Wenn du nicht darauf hältst, dass du alle Worte dieses Gesetzes tust, die in diesem Buch geschrieben sind, und nicht fürchtest diesen herrlichen und heiligen Namen, den HERRN, deinen Gott, so wird der HERR schrecklich mit dir umgehen und dich und deine Nachkommen schlagen mit großen und anhaltenden Plagen, mit bösen und anhaltenden Krankheiten. (...) Und wie sich der HERR zuvor freute, euch Gutes zu tun und euch zu mehren, so wird er sich nun freuen, euch umzubringen und zu vertilgen, und ihr werdet herausgerissen werden aus dem Lande, in das du jetzt ziehst, es einzunehmen. Denn der HERR wird dich zerstreuen unter alle Völker von einem Ende der Erde bis ans andere..."* (5. Mose 28,58.59.63.64).

Genau so geschah es in Israels Geschichte mehrere Male. Die zehn Stämme des Nordreiches Israels wurden in die assyrische Gefangenschaft geführt (siehe 2. Kön 17,20 - 23), die zwei Stämme des Südreiches Juda in die babylonische Gefangenschaft. Nur ein kleiner Teil des Volkes blieb im Land Juda (siehe 2. Kön 25,8 - 22). Nach siebzig Jahren Exil kehrte ein Teil der in Babylon ansässigen Juden nach Israel zurück (siehe Esra 1 und 2), nämlich genau 42.360 Mann (siehe Esra 2,64). Es blieben aber auch danach große jüdische Siedlungen in der Diaspora (Zerstreuung) bestehen.

Die Stadt Jerusalem und der Tempel wurden nach der babylonischen Gefangenschaft wiederaufgebaut und blieben einige Jahrhunderte in relativer Unabhängigkeit bestehen. Als aber schließlich die Römer das Land eroberten, wurden wiederum Stadt und Tempel zerstört, und das Volk zog wieder in die Gefangenschaft, diesmal aber unter alle Völker der Erde, genau wie Mose es vorausgesagt hatte.

Hat damit der Bund, den Gott mit einem feierlichen Eid mit Abraham, Isaak und Jakob geschlossen hat, seine Rechtskraft verloren? Nein - auch wenn die Christenheit diese Frage jahrhundertelang mit Ja beantwortet hat! Aber wenn Gott einen ewigen Bund schließt, so ist es auch ein **ewiger** Bund. Er nimmt sein Wort, das er einst gegeben hat, niemals zurück. Er ist absolut vertrauenswürdig. An vielen Stellen im Alten Testament wird der ewige Eid genannt, den er geschworen, und die Verheißung, durch die er sich selbst mit Israel verbunden und sich verpflichtet hat, dass er ihnen das Land Kanaan schenken werde, zum Beispiel 2. Mose 6,8; 32,13; 5. Mose 1,7.8; 7,8; 8,18; 9,5; 10,11; 11,8.9.21; 19,8; 26,3; 28,11; 30,20; 31,7; Jos 1,6; 21,43 - 45. Darauf kann Israel sich berufen.

DAS WUNDER

Gott hat Israel eine Verheißung gegeben, und der Prophet Jesaja fordert Israels Wächter auf, Gott beständig an seine Verheißungen zu erinnern: *"... und lasst ihm keine Ruhe, bis er Jerusalem wieder aufrichtet und bis er es zum Lobpreis macht auf Erden! - Der HERR hat geschworen bei seiner Rechten und bei seinem starken Arm: Wenn ich jemals deinen Feinden dein Korn zur Speise gebe und wenn Söhne der Fremde deinen Most trinken werden, für den du dich abgemüht hast! Sondern die es einsammeln, sollen es auch essen und den HERRN loben. Und die ihn einbringen,*

sollen ihn auch trinken in den Vorhöfen meines Heilig-
tums" (Jes 62,7 - 9; Rev. Elberf.).
Das hat Gott verheißen; daran soll man den HERRN erinnern, sagt Jesaja zu Israel. Jahrhundertelang hat das jüdische
Volk daher bei der Feier des Passafestes gebetet: "Nächstes
Jahr in Jerusalem!"
Jahrhundertelang hat es nicht danach ausgesehen, dass diese
Bitte jemals in Erfüllung gehen könnte. Bis 1948. Da geschah
das Wunder. Am 14. Mai 1948 rief David Ben Gurion den
unabhängigen jüdischen Staat Israel aus! Die Vereinten Nationen hatten am 29. November 1947 den Teilungsplan für Palästina
per Mehrheitsbeschluss angenommen. Unmittelbar darauf versuchten die übermächtigen Araber, die Juden in einem grimmi-
gen Kampf ins Meer zu treiben und den gerade erst entstehen-
den jüdischen Staat im Keim zu ersticken. Nach anfänglichen
Rückschlägen und schweren Verlusten gewannen die Juden
schließlich die Oberhand.
Wegen dieses blutigen Konflikts und des widerstrebenden
Verhaltens Englands, das die Araber auf jede erdenkliche Weise
unterstützt hatte, planten die Vereinten Nationen bereits, den
Teilungsbeschluss wieder rückgängig zu machen. Ehe es soweit kommen konnte, rief David Ben Gurion ein knappes hal-
bes Jahr nach dem Teilungsbeschluss den jüdischen Staat aus.
Die letzten britischen Truppen verließen tags darauf, am
15. Mai 1948, das Land, und noch am selben Tag griffen sieben arabische Staaten Israel an. Der ungleiche Kampf fiel
schließlich durch ein Wunder Gottes zugunsten Israels aus. So
wurden dann bis Juli 1949 mehrere Waffenstillstandsabkommen
mit den einzelnen Angreiferstaaten geschlossen. Indessen hatte Ägypten aber den Gazastreifen erobert und Jordanien das
Westjordanland sowie Ostjerusalem besetzt. Sie weigerten sich,
den Waffenstillstand in einen Frieden umzuwandeln.

BRITISCHER WIDERSTAND
Die Rolle Englands war, wie sich ja schon gezeigt hat, außerordentlich zweifelhaft bis geradezu antijüdisch. Man muss
den Engländern aber zugute halten, dass sie 1917 die "Balfour-

Erklärung" unterzeichnet hatten, in der dem jüdischen Volk das Recht auf "die Schaffung einer nationalen Heimstätte in Palästina" zugesprochen wurde. Als England aber nach dem Ersten Weltkrieg das Mandat über Palästina erhielt, nachdem vierhundert Jahre türkische Herrschaft zu Ende gegangen waren, stellten sich die Briten immer mehr auf die Seite der Araber. Britische Armeeangehörige hetzten Juden und Araber gegeneinander auf. Schon 1923 beschloss London heimlich, den Zionismus durch politische und wirtschaftliche Druckmittel zu bekämpfen. Es war Herbert Samuel, der erste britische Hochkommissar über Palästina, der damit einverstanden war, dass 1922 das Mandatsgebietsteil Transjordanien, der spätere Staat Jordanien, der zukünftigen Jüdischen Nationalheimat entzogen wurde.

Im Jahre 1923 sagten die Briten Transjordanien die Autonomie zu, und 1928 wurde die Aufteilung des Landes faktisch vollzogen. Der größte Teil des den Juden versprochenen Landes wurde einfach abgetrennt und den Arabern gegeben.

Anfang 1919 hatte der arabische Nationalkongress in Damaskus schon Syrien und den Irak als zwei verschiedene Staaten ausgerufen, so dass die Landkarte des Nahen Ostens immer mehr ihre heutige Gestalt annahm. 1945 wurde die Arabische Liga gegründet, der Jordanien beitrat. Am 22. März 1946 wurde die Arabische Liga von den Briten anerkannt, und Jordanien, das damals noch "Transjordanien" hieß, erhielt seine volle Unabhängigkeit. Im Jahre 1948 wurde der neue Staat Israel dann von Jordanien gemeinsam mit ägyptischen, libanesischen, syrischen, jemenitischen, saudi-arabischen und irakischen Truppen angegriffen. Israel war auf die Weltbühne zurückgekehrt; Israels Feinde aber auch, und zwar nicht zuletzt durch die Rolle, die England dabei gespielt hatte. Besonders negativ war Englands Verhalten unmittelbar vor dem Zweiten Weltkrieg. Während die jüdischen Synagogen in allen deutschen Städten in Flammen standen, angezündet von den Nazis und den aufgehetzten Deutschen, während die ersten Berichte von Konzentrationslagern durchsickerten und jeder durch Adolf Hitlers Buch "Mein Kampf" wissen konnte, was mit den Juden geschehen

würde, gerade da kam am 17. Mai 1939 aus London der Beschluss, dass die jüdische Einwanderung nach Palästina in den
nächsten fünf Jahren auf insgesamt 75.000 Personen begrenzt
werden sollte. Der britische Hochkommissar musste jüdische
Landkäufe nahezu vollständig verhindern, und es sollte innerhalb von zehn Jahren eine autonome Verwaltung gebildet
werden. Auf diese Weise wollte man dafür sorgen, dass die
jüdische Bevölkerung Palästinas in ihrer eigenen künftigen
"Jüdischen Nationalheimat" eine Minderheit blieb! Ein Engländer schrieb damals: "Während unter dem teuflischen Regime
von Goebbels eine halbe Million Juden misshandelt werden und
viele dem Hungertod nahe sind und sterben, ohne Heim, ohne
Arbeit und ohne Hoffnung, versuchen viele nach Palästina zu
entkommen. Aber unsere Regierung behandelt sie wie 'illegale
Einwanderer' ". Während des ganzen Krieges hat England diese Politik beibehalten trotz allem, was mit den Juden in Europa
unter den Nazis geschah. Sogar nach dem Sturz Hitlers bekamen die englischen Soldaten den Befehl, auf diese menschlichen Elendsgestalten, die eben erst die Konzentrationslager
überlebt hatten, zu schießen, wenn sie versuchten, in Palästina
zu landen.
   Die arabische Bevölkerung Palästinas jubelte über die Vernichtung der Juden durch Hitler. Der Moslemführer und Groß-
mufti von Jerusalem, Amin el Husseini, war ein persönlicher
Freund Hitlers. England aber entschied sich dafür, den Mufti
und seine Mörderbanden, die bei ihren Aufständen in Jerusalem und anderen Landesteilen Palästinas regelmäßig Juden
ermordeten, zu unterstützen, und verstieß damit massiv gegen
jüdische Interessen. Trotz der Gräuel des Zweiten Weltkriegs
wurden die jüdischen Überlebenden von den Briten dazu gezwungen, in KZ-ähnlichen Internierungslagern zu bleiben, und
sie versenkten viele Einwandererschiffe, die "illegal" die Küste
Palästinas zu erreichen versuchten. Die Juden, die nicht ertranken, sondern es schafften, an Land zu schwimmen, wurden von den Engländern in Internierungslager auf Zypern ge-
steckt! Jüdische Patrioten wurden in Palästina erhängt.
   Zwischen Dezember 1947 und Mai 1948 wurden in Palästina

Monat für Monat Hunderte von Juden auf den Strassen und auf den Feldern ermordet. Die Briten aber erlaubten es nicht, dass Juden aus Sicherheitsgründen in bewaffneten Konvois fuhren. Die arabischen Mörder hingegen ließ man ungeschoren davonkommen.

NICHT AUSRADIERT

Als 1948 der junge jüdische Staat sofort von den umliegenden arabischen Ländern angegriffen wurde, bestanden deren Streitkräfte, die zum Teil von britischen Offizieren geführt oder unterstützt wurden, im nördlichen Palästina aus der 4000 Mann starken syrisch-irakischen Armee, im Osten Palästinas aus 4000 Söldnern und Beduinenkämpfern, die unter den Augen der britischen Armee in Transjordanien rekrutiert worden waren, im westlichen Palästina aus 3000 Mann, die die Gegend bei Tel Aviv und die Strasse nach Jerusalem besetzten, und im Süden aus der mit 10.000 Mann außerordentlich starken und gut bewaffneten ägyptischen Armee.

Unter den Augen der britischen Soldaten hatten diese Armeen folgende strategische Vorteile errungen: Sie beherrschten die lebenswichtige Strasse von Haifa nach Tel Aviv. Sie hatten die jüdische Bevölkerung Jerusalems und der Kibbuzim in der Umgebung Bethlehems vollständig isoliert. Sie konnten jederzeit Tel Aviv angreifen und die Strassen nach Jerusalem und zu den südlichen Kibbuzim abschneiden. Sie hatten die Kibbuzim im Negev ganz isoliert. Bei der Räumung ihres Mandatsgebietes Palästina überließen die Briten ihre Militärposten den Arabern, oft einschließlich der kompletten Waffenarsenale. Die Lage war für die Juden verzweifelt und hoffnungslos.

Die Führer der arabischen Armeen forderten die in Palästina ansässigen Araber bei Kriegsbeginn auf, das Land für eine kurze Zeit zu verlassen, während ihre Armeen mit den Juden kurzen Prozess machten: "In wenigen Tagen könnt ihr wieder zurückkommen. Dann haben wir alle Juden ins Meer geworfen, und alles gehört euch". Dies war ein Befehl der Arabischen Liga, verbunden mit der Warnung: Wer von den Arabern zurückblieb, für den könnte dies den Tod bedeuten. Mit diesem Befehl entstand das palästinensische Flüchtlingsproblem. Nicht durch die Juden, sondern durch die Araber selber, denn der jüdische Staat wurde eben nicht in wenigen Tagen von der Landkarte ausradiert.

Unfassbar, aber eine Bevölkerung von 600.000 Juden überlebte diesen Angriff, der von den Führern von 45 Millionen Feinden gegen sie in Gang gesetzt worden war, die sie von allen Seiten umringten.

Das Wort "Wunder" war in aller Munde. Der Herr kämpfte für sein Volk wie in den Tagen des Alten Testaments. Auf die Ereignisse des Jahres 1956, als Präsident Nasser von Ägypten den Suezkanal verstaatlichte und bald darauf verkündete, er sei bereit, die "Judenfrage" ein für allemal zu lösen, werden wir hier nicht weiter eingehen. Israel aber wehrte den Angriff ab und stand in kürzester Zeit nach einem Feldzug quer durch die Sinaiwüste am Ufer des Suezkanals. Im Marschgepäck der gefangenen Soldaten der ägyptischen Armee fanden die Israelis zahllose Exemplare von Hitlers Buch "Mein Kampf" in arabischer Übersetzung.

1967, genau am neunzehnten Jahrestag der Unabhängigkeit Israels, schickte Nasser seine Panzer in die Sinaiwüste, sperrte den Golf von Akaba und drohte, die jüdischen Städte mit seiner Luftwaffe zu bombardieren. Jordanien machte mit. Durch die israelische Luftwaffe wurde in einem gewagten Überraschungsangriff die gesamte ägyptische Luftwaffe am Boden zerstört. Jordanien wurde geschlagen, das Westjordanland, das Jordanien seit 1948 besetzt gehalten hatte, und Ostjerusalem wurden erobert. Zum ersten Mal seit fast zweitausend Jahren war Jerusalem wieder die ungeteilte Hauptstadt des unabhängigen jüdischen Staates Israel.

DER "BEGINN DER ERLÖSUNG"

Am 6. Oktober 1973, am Jom Kippur, dem heiligsten jüdischen Feiertag, dem Versöhnungsfest, griff Syrien zusammen mit Ägypten an. Trotz schwerer Verluste errang Israel auch diesmal den Sieg, aber das Volk war tief geschockt. Wieviel jüdisches Blut musste denn noch fließen, ehe wirklich Friede war?

Die Antwort kann erst gegeben werden, wenn der Messias gekommen ist, denn erst dann wird wirklich Friede sein. Seitdem der sogenannte Friedensprozess im Nahen Osten eingesetzt hat, wurden schon Hunderte von Juden heimtückisch von arabischen Moslems ermordet. Und noch ist kein Ende abzusehen. Und Jerusalem? Der internationale Druck auf Israel, die Stadt in irgendeiner Weise zu teilen und so den Palästinensern ihre eigene "Hauptstadt" zu geben, nimmt stetig zu, während vor allem kirchliche Institutionen auf eine Internationalisierung Jerusalems drängen. Aber wie würde die italienische Regierung wohl reagieren, wenn man dies hinsichtlich der Stadt Rom verlangen würde?

Dies ist kein Buch über Politik oder Geschichte. Wenn man aber die heutige Situation des Staates Israel mehr als fünfzig Jahre nach seiner Gründung aus biblischer Perspektive betrachtet, kommt man nicht um historische und politische Fakten herum. Eines ist gewiss: das Wunder, dass es Israel überhaupt gibt, wird durch die jüngste Geschichte nur umso größer. Eigentlich ist Israels Existenz eine Unmöglichkeit. Dennoch wurde sie möglich, und Israel gibt es immer noch. Weil der Herr gesagt hat: *"Dir will ich das Land Kanaan geben, das Los eures Erbteils"*. Israel zieht hin zu seiner Ruhe. Ehe diese Ruhe aber wirklich da ist, wird noch eine ganze Menge geschehen müssen, und vieles davon wird sehr unerfreulich sein.

Aber der "Beginn der Erlösung", wie die Rabbiner es nennen, die Neugründung eines jüdischen Staates und die Rückkehr des jüdischen Volkes nach Israel, hat angefangen, und dieser Prozess lässt sich nicht mehr umkehren. Der Prophet Amos sagt: *"Denn ich will sie in ihr Land pflanzen, dass sie nicht mehr aus ihrem Land ausgerottet werden, das ich ihnen gegeben habe, spricht der HERR, dein Gott"* (Am 9,15). Hesekiel spricht Gottes Verheißung für Israel aus: *"Dann werden sie erkennen, dass ich, der HERR, ihr Gott bin, der ich sie unter die Heiden weggeführt habe und wieder in ihr Land sammle und nicht **einen** von ihnen dort zurücklasse"*

(Hes 39,28). Die Erfüllung dieser Verheißung geht in beschleunigtem Tempo voran. Israel wird in dem Land bleiben, das ihm der Herr durch einen ewigen Bund verheißen hat. Er pflanzt sie dort ein, und niemand wird sie von dort ausrotten.

ISRAELS BIBLISCHE GRENZEN

Was sind nach der Bibel die Grenzen dieses verheißenen Landes? Sie werden zunächst nicht genau angegeben, sondern eher großräumig:

"... von dem Strom Ägyptens an bis an den großen Strom Euphrat" (1. Mose 15,18).

"... von dem Schilfmeer bis an das Philistermeer und von der Wüste bis an den Euphratstrom" (2. Mose 23,31).

"... von der Wüste Zin bis nach Rehob, von wo man nach Hamat geht" (4. Mose 13,21).

"... zu dem Gebirge der Amoriter (...) und zu allen ihren Nachbarn im Jordantal, auf dem Gebirge und in dem Hügelland, im Südland und am Ufer des Meeres, ins Land Kanaan und zum Berge Libanon, bis an den großen Strom, den Euphrat" (5. Mose 1,7).

"... von der Wüste bis an den Berg Libanon und von dem Strom Euphrat bis ans Meer im Westen" (5. Mose 11,24).

"... von der Grenze Hamats bis an den Bach Ägyptens" (1. Kön 8,65).

"... vom Ufer des Stromes bis an den Bach Ägyptens" (Jes 27,12).

Was dabei auffällt, ist die Tatsache, dass immer wieder der Euphrat genannt wird. Ist damit gemeint, dass dieser Fluss die Nord- oder die Ostgrenze sein soll, oder auch beides? Wenn der Euphrat die Ostgrenze ist, hätte demnach der Herr Israel auch große Gebiete östlich des Jordan verheißen! Wenn der Euphrat die Nordgrenze ist, so gehören der Libanon und Teile Syriens (das biblische Aram) zu Israel, aber nach Osten läge die Grenze dann vor dem Euphrat. Obgleich sich beim Einzug in das verheißene Land die Stämme Ruben, Gad und der halbe Stamm Manasse im Ostjordanland niedergelassen hatten, war diese Gebietszuteilung nicht unumstritten (s. z.B. 4. Mose 32;

ISRAEL UNTER KÖNIG DAVID

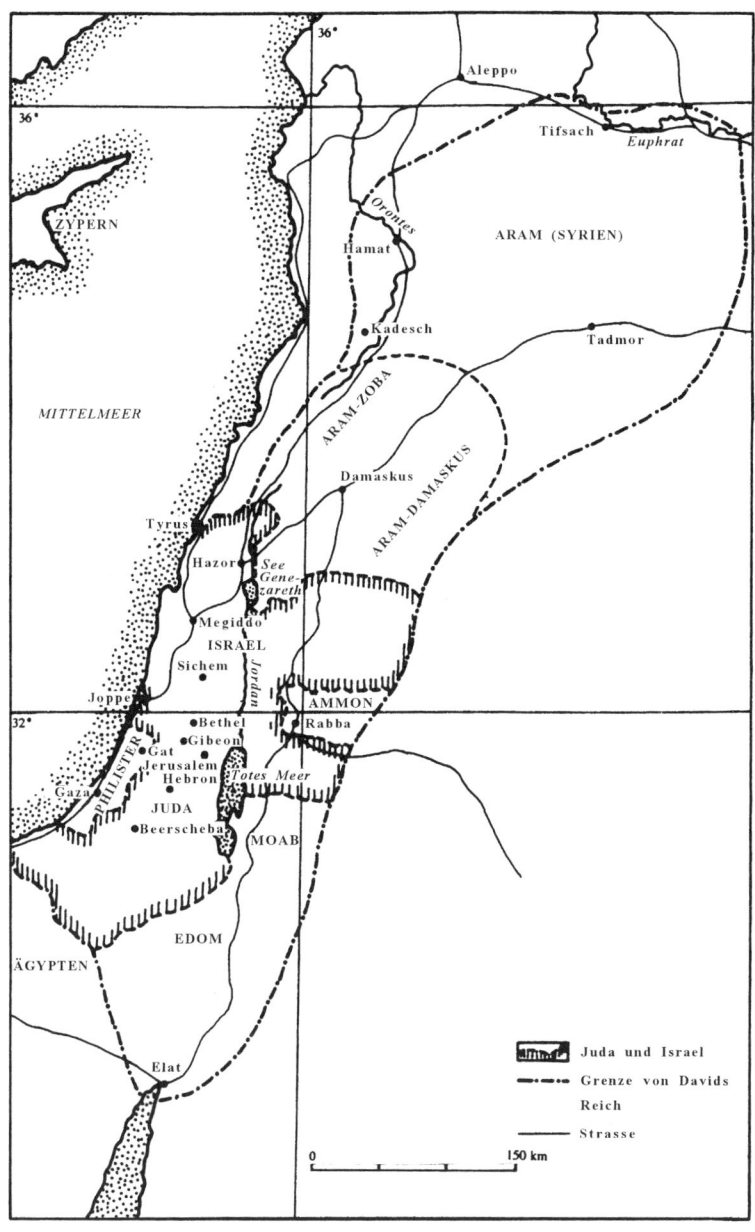

36°

ZYPERN

Aleppo

Tifsach

Euphrat

Orontes

Hamat

ARAM (SYRIEN)

Kadesch

Tadmor

MITTELMEER

ARAM-ZOBA

Damaskus

ARAM-DAMASKUS

Tyrus

Hazor

See Gene-zareth

Megiddo

ISRAEL

Sichem

Jordan

Joppe

AMMON

Bethel
Gibeon
Gat
Jerusalem
Hebron

Rabba

Totes Meer

Gaza

PHILISTER

JUDA

Beerscheba

MOAB

EDOM

ÄGYPTEN

Elat

Juda und Israel

Grenze von Davids Reich

Strasse

0   150 km

ISRAELS KÜNFTIGE GRENZEN

(Hesekiel 47,13 - 48,29)

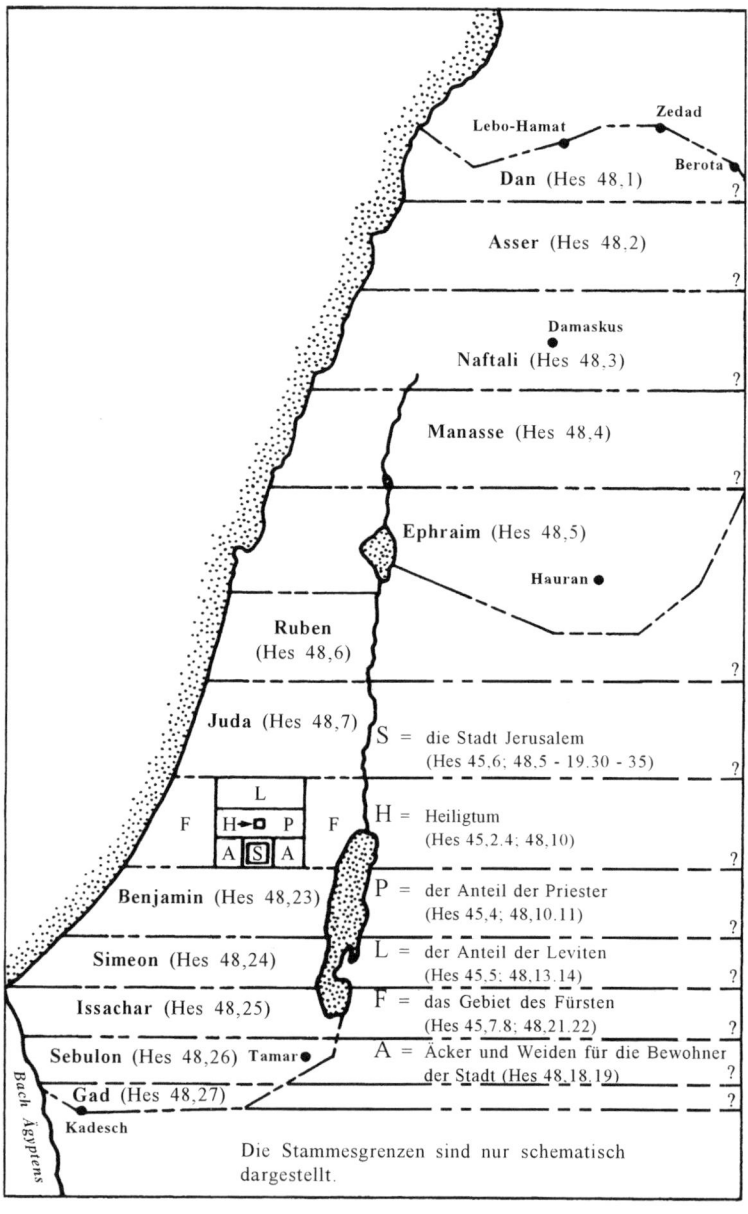

Lebo-Hamat   Zedad

Dan (Hes 48,1)   Berota
?

Asser (Hes 48,2)
?

Damaskus

Naftali (Hes 48,3)
?

Manasse (Hes 48,4)
?

Ephraim (Hes 48,5)

Hauran

Ruben
(Hes 48,6)
?

Juda (Hes 48,7)   S = die Stadt Jerusalem
(Hes 45,6; 48,5 - 19.30 - 35)
?

H = Heiligtum
(Hes 45,2.4; 48,10)
?

Benjamin (Hes 48,23)   P = der Anteil der Priester
(Hes 45,4; 48,10.11)
?

Simeon (Hes 48,24)   L = der Anteil der Leviten
(Hes 45,5; 48,13.14)
?

Issachar (Hes 48,25)   F = das Gebiet des Fürsten
(Hes 45,7.8; 48,21.22)
?

Sebulon (Hes 48,26)   Tamar   A = Äcker und Weiden für die Bewohner
der Stadt (Hes 48,18.19)
?

Gad (Hes 48,27)
?

Kadesch

Bach Ägyptens

Die Stammesgrenzen sind nur schematisch
dargestellt.

96

Jos 13,8 - 14). Bei mehreren Beschreibungen wird vom Jordan als eigentlicher Ostgrenze des verheißenen Landes Kanaan ausgegangen (siehe zum Beispiel 4. Mose 32,19 - 32; 34,12; 35,10), so dass der Euphrat als Nordgrenze, also einschließlich des Libanon, des westlichen Teils von Syrien und der Golanhöhen betrachtet werden kann. An anderer Stelle wiederum wird ausdrücklich auch Gilead, der nördliche Teil des Ostjordanlandes, Israel zugesagt: *"Und ich (...) bringe sie in das Land Gilead und auf den Libanon, und es wird für sie nicht ausreichen" (Sach 10,10; Rev. Elberf.; siehe auch Jer 50,19).* Benjamin wird das Gebirge Gilead besitzen, sagt Obadja (siehe Obd 19).

Die Beschreibung der zukünftigen Grenzen Israels beim Propheten Hesekiel ist wieder ein Thema für sich. In den Kapiteln 40 - 48 spricht er von einem neuen Tempel, den er in allen Einzelheiten beschreibt, und einer neuen Stadt Jerusalem. Auch das Gebiet des verheißenen Landes und seine Aufteilung unter die zwölf Stämme Israels wird beschrieben (siehe Hes 47,15 - 20; 48,1.28). Eine genaue Betrachtung dieser Angaben führt zwangsläufig zu der Erkenntnis, dass das Land zu jener Zeit westlich des Jordan liegen wird, obwohl einige davon ausgehen, dass dann, wenn der zukünftige Tempel erbaut ist, tatsächlich der Euphrat die Nord- und Ostgrenze des Landes darstellen wird.

VERTRAUEN LERNEN

Was ergibt sich aus alledem? Erstens: Israel existiert nicht dank der Gnade der Vereinten Nationen, sondern dank der Gnade Gottes. Zweitens: Der Herr hält seinem ewigen Bund mit Israel die Treue. Drittens: Aus biblischer Sicht ist es nicht so, dass Israel das Westjordanland zurückgeben muss, um im Austausch dafür "Frieden" zu bekommen - das Westjordanland war seit jeher Teil des verheißenen Landes gewesen - sondern wenn der Messias, Jesus Christus, wiederkommt, um wahren Frieden zu bringen, nämlich Frieden für die Welt und Frieden für Israel, dann wird es so sein, dass Israel noch weiteres Land dazubekommt. Land, das heute unter anderem dem Libanon und Syrien zugerechnet wird, aber von Gott bereits Israel zugesprochen wurde, und darüber hinaus ein Einflussgebiet, das im Norden und Osten bis an den Euphrat reicht. Dieses Friedensreich unter der Herrschaft des Messias wird eine Vorahnung des Reiches Gottes sein, das am Ende mit der Erschaffung eines neuen Himmels und einer neuen Erde Gestalt annehmen wird.

Welche politischen Ansprüche kann Israel schon jetzt aufgrund der biblischen Verheißungen geltend machen? Darüber zu entscheiden ist an erster Stelle Israels Sache. Viel zu lange haben Juden weltweit unter Umständen, in Ländern und unter Völkern gelebt, in denen ihnen genau gesagt wurde, was sie als Juden zu tun und zu lassen hatten. Israel ist ein freies Land, das sich für eine demokratische Staatsform nach westlichem Muster entschieden hat im Gegensatz zu den arabischen Diktaturen ringsum. Die Hauptfrage ist natürlich die nach dem derzeit "politisch Machbaren".

Dabei sollte man auch nicht vergessen, dass Israel den Teilungsplan der Vereinten Nationen von 1947 sofort angenommen hat, die arabischen Länder dagegen nicht! Bemerkenswert ist auch, dass alle Angriffskriege, die die Nachbarländer gegen Israel angezettelt haben in der Absicht, den jüdischen Staat zu vernichten und das jüdische Volk ins Meer zu treiben, immer nur dazu geführt haben, dass Israels Territorium immer größer wurde. Europa hat in seiner Geschichte Kriege geführt, um so sein Kolonialgebiet in der Welt zu vergrößern. Israel hat immer nur Verteidigungskriege, keine Kolonialkriege geführt. Wenn darum jüdische Pioniere in unbewohnten Gebieten "Siedler" genannt werden, so hat dies einen (bewusst?) negativen Beigeschmack, der auf das Konto der westlichen Medien geht, die allgemein höchst einseitig, nämlich pro-palästinensisch und pro-arabisch über die Entwicklung im Nahen Osten berichten.

Israel möchte Frieden. Es ist bereit, dazu außerordentlich große Risiken einzugehen und sogar "Land für Frieden" zu geben. Aber wollen die anderen Parteien überhaupt wirklich Frieden? Oder ist der "Friedensprozess" für Palästinenser und

Araber nur eine andere Art der Kriegsführung? Ist das nicht vielleicht eher ein Versuch, das Land mit einer Art "Salami-Taktik" Stück für Stück in ihre Hand zu bekommen? Es wird sich zeigen.

Eines ist gewiss: Israel soll und muss lernen, dem Gott Abrahams, Isaaks und Jakobs zu vertrauen. Das haben gerade die vergangenen Jahrzehnte deutlich gemacht. Der Herr ist mit seinem Volk. Vertraut Israel aber auf seine Waffen oder auf internationale Politik, so bewahrheiten sich die Worte der Propheten des Alten Testaments, die immer wieder aufs neue davor gewarnt haben, auf Bündnisse mit Ägypten, Assur oder Babylon zu setzen. Worte, die sich unerbittlich bewahrheitet haben, denn die Großmächte ringsum stellten sich am Ende immer gegen Israel. Setzt Israel aber sein Vertrauen auf den Herrn, dann erfährt es den Sieg über die drohenden Feinde.

Israel zieht hin zu seiner Ruhe. Dieser Weg kann noch lang sein.

Er ist erst zu Ende mit dem Kommen des Messias, mit der Wiederkunft des Herrn Jesus Christus und dem Kommen seines Reiches. Jesus selbst hatte vorhergesagt, es würde *"eine große Bedrängnis sein, wie sie nicht gewesen ist vom Anfang der Welt bis jetzt" (Mt 24,21)*, aber danach wird auch nie mehr solch eine Trübsal kommen.

Aus dieser Zeit der *"Angst für Jakob" (Jer 30,7)* rettet ihn der Herr! Er wird nicht unvollendet lassen, was seine Hand begonnen hat. Sind wir untreu, so bleibt er doch treu. Das ist unsere und auch Israels einzige Hoffnung. Dann wird Gottes Segen auch zu den umliegenden Völkern fließen. Eine Strasse wird von Ägypten nach Assur führen.

Alle werden dem Herrn dienen, und Israel wird der Dritte sein mit den Ägyptern und Assyrern, sagt die Heilige Schrift (siehe Jes 19,23 - 25). Und die Palästinenser? Was sagt die Bibel über sie und ihre Beziehung zu dem Land? Hören wir auf den Propheten Hesekiel. Zu ihm sagt Gott:

"Und ihr sollt dies Land austeilen unter die Stämme Israels, und wenn ihr das Los werft, um das Land unter euch zu teilen, so sollt ihr die Fremdlinge, die bei euch wohnen

und Kinder unter euch zeugen, halten wie die Einheimi-
schen unter den Israeliten; mit euch sollen sie ihren Erb-
besitz erhalten unter den Stämmen Israels, und ihr sollt
auch ihnen ihren Anteil am Lande geben, jedem bei dem
Stamm, bei dem er wohnt, spricht Gott der HERR" (Hes
47,21 - 23).

Das Land gehört nach wie vor Israel. Es wird keinen unabhängigen Palästinenserstaat auf dem Israel verheißenen Land
geben mit einer eigenen Führung und allem, was zu einem
Staat gehört.

Obgleich es nach Auffassung rabbinischer Ausleger bei diesem Schriftwort nur um solche Nichtjuden geht, die zum Judentum übergetreten sind, sagt der Text selbst das so nicht.
Man kann dabei durchaus an richtige Fremdlinge denken, zum
Beispiel an die Palästinenser, die kleine Teile des Landes als
persönlichen Besitz haben dürfen. Aber das Land gehört Israel, so wie Gott es dem jüdischen Volk in einem ewigen Bund
verheißen hat.

8 DASS SEIN NAME DASELBST WOHNE

"Ihr werdet aber über den Jordan gehen und in dem Lande wohnen, das euch der HERR, euer Gott, zum Erbe austeilen wird, und er wird euch Ruhe geben vor allen euren Feinden um euch her, und ihr werdet sicher wohnen. Wenn nun der HERR, dein Gott, eine Stätte erwählt, dass sein Name daselbst wohne, sollt ihr dahin bringen alles, was ich euch gebiete: eure Brandopfer, eure Schlachtopfer, eure Zehnten, eure heiligen Abgaben und alle eure auserlesenen Gelübdeopfer, die ihr dem HERRN geloben werdet. Und ihr sollt fröhlich sein vor dem HERRN, eurem Gott, ihr und eure Söhne und eure Töchter, eure Knechte und eure Mägde" (5. Mose 12,10 - 12).

Was ist das Besondere an Jerusalem? Der Herr hat beschlossen, dass **dort** sein Name wohne. Der ewige Gott, der Schöpfer des Himmels und der Erde, hat sich diesen Ort als Wohnstätte erwählt. Dort ist sein heiliger Berg (siehe Jes 65,25), der Berg Zion (siehe Joel 4,17).

Auf dem Berg Zion wohnt Gott (siehe Ps 74,2). Dort ist das Haus des Gottes Jakobs (siehe Jes 2,3), das Haus des HERRN (siehe Micha 4,1.2; Hag 1,14). Als der Tempel von König Salomo dort erbaut worden war und eingeweiht wurde, *"erfüllte die Wolke das Haus des HERRN, sodass die Priester nicht zum Dienst hinzutreten konnten wegen der Wolke; denn die Herrlichkeit des HERRN erfüllte das Haus des HERRN"* (1. Kön 8,10.11). Im Allerheiligsten des Tempels wohnte Gott. Dort war er gegenwärtig durch die Wolke, so wie er zuvor während der Wüstenwanderung in der Wolke gegenwärtig gewesen war, die die Stiftshütte bedeckt hatte (siehe 2. Mose 40,34 - 38).

Natürlich wusste auch Salomo, dass ein steinerner Tempel Gott nicht fassen kann. Bei der Weihe des Tempels betete er: *"Aber sollte Gott wirklich auf Erden wohnen? Siehe, der*

Himmel und aller Himmel Himmel können dich nicht fassen - wie sollte es dann dies Haus tun, das ich gebaut habe?" (1. Kön 8,27). Das wusste auch Jesaja, und so sagte er im Namen Gottes: *"Der Himmel ist mein Thron und die Erde der Schemel meiner Füße!" (Jes 66,1)*. Das sind Worte, die Jesus später zitierte (siehe Mt 5,34.35). Auch er nannte den Himmel Gottes Thron, die Erde den Schemel seiner Füße und Jerusalem die Stadt des großen Königs. Und doch ist Jerusalem der Ort, den Gott sich als seine irdische Wohnstätte erwählt hat.

In dem Lied, das Mose nach dem wundersamen Durchzug durch das Schilfmeer nach dem Auszug aus Ägypten sang, sagte er: *"Du brachtest sie hinein und pflanztest sie ein auf dem Berge deines Erbteils, den du, HERR, dir zur Wohnung gemacht hast, zu deinem Heiligtum, Herr, das deine Hand bereitet hat"* (2. Mose 15,17). Später sagt Mose zu Israel: *"Und du sollst dich vor dem HERRN, deinem Gott, freuen, du und dein Sohn und deine Tochter und dein Sklave und deine Sklavin und der Levit, der in deinen Toren wohnt, und der Fremde und die Waise und die Witwe, die in deiner Mitte wohnen, an der Stätte, die der HERR, dein Gott, erwählen wird, um seinen Namen dort wohnen zu lassen"* (5. Mose 16,11; Rev. Elberf).

Für den Fremden war also auch Platz im Tempel. Im Einweihungsgebet sagt Salomo: *"Auch wenn ein Fremder, der nicht von deinem Volk Israel ist, aus fernem Lande kommt um deines Namens willen - denn sie werden hören von deinem großen Namen und von deiner mächtigen Hand und von deinem ausgereckten Arm -, wenn er kommt, um zu diesem Hause hin zu beten, so wollest du hören im Himmel, an dem Ort, wo du wohnst, und alles tun, worum der Fremde dich anruft, auf dass alle Völker auf Erden deinen Namen erkennen, damit auch sie dich fürchten wie dein Volk Israel, und dass sie inne werden, dass dein Name über diesem Hause genannt ist, das ich gebaut habe"* (1. Kön 8,41 - 43).

DIE BUNDESLADE REPRÄSENTIERT GOTTES GEGEN-WART

Anfangs war die Gegenwart Gottes stark verbunden mit der Bundeslade (siehe 2. Mose 25,10 - 22). In diesem "Kasten" wurden folgende Gegenstände aufbewahrt: das Gesetz, also die zwei steinernen Tafeln mit den Zehn Geboten, die der Herr selbst beschrieben hatte (siehe 2. Mose 31,18; 34,1.27.28), der Krug mit dem Manna, dem Himmelsbrot (siehe 2. Mose 16,33.34; Hebr 9,4) und der Stab Aarons, der geblüht hatte (siehe 4. Mose 17,23 - 25). Auf dieser Lade lag eine Deck-platte aus feinem Gold, der Gnadenthron. An dessen beiden Enden standen, aus einem Stück mit dem Gnadenthron gefer-tigt, zwei Cherubim, zwei Engelsfiguren, aus Gold. Die Gesich-ter der Cherubim waren auf das Blut gerichtet, das der Hohe-priester auf den Gnadenstuhl sprengte. Gott thront inmitten der Cherubim im Himmel (siehe Hes 1; Offb 4), und so war die Bundeslade ein Abbild seines Thrones, wie auch die ganze Stiftshütte, in der die Bundeslade stand, eine Widerspiegelung des himmlischen Tempels war (siehe 2. Mose 25,8.9).

Die Lade mit dem heiligen Gesetz Gottes, die damit zugleich auch das Gericht Gottes auf der Grundlage seines heiligen Gesetzes symbolisierte, wurde durch das darauf gesprengte Sühneblut unschuldiger Opfertiere zum Thron der Gnade für den sündigen Menschen. Das heilige Gesetz wurde bedeckt durch das sühnende Blut. Alle diese Tieropfer unter dem alten Bund erhielten schließlich, sozusagen rückwirkend, durch das vollbrachte Werk Jesu Christi, des vollkommenen Opferlam-mes, ihre "Rechtskraft". Das Blut der Tieropfer konnte die Sünden Israels nur auf eine bestimmte Zeit "bedecken", aber nicht wirklich sühnen (siehe Hebr 10,4 - 10).

Das Blut Christi bewirkte wirklich die Sühnung der Sünden und erwarb die ewige Erlösung (siehe Hebr 9,11 - 15). Das Gesetz, die Bundeslade, die Opfer: Sie waren das Herz von Israels Gottesdienst. Gott thronte über den Cherubim, über der Bundeslade, dem Schemel seiner Füße (siehe 2. Sam 6,2).

Nach der Wüstenwanderung und dem Einzug in das verhei-ßene Land wurde die Bundeslade zuerst in Silo (siehe Jos

18,1), danach in Bet-Schemesch (siehe 1. Sam 6) und schließlich in Kirjat-Jearim aufgestellt (siehe 1. Sam 7,1), bevor sie endgültig nach Jerusalem gebracht wurde, nachdem sie zuvor noch drei Monate im Haus Obed-Edoms gewesen war (siehe 2. Sam 6,10 - 15). Später wird erwähnt, dass die Lade unter König David in den Kampf mitgenommen wurde (siehe 2. Sam 11,11). König Salomo stellte sie dann im neuerbauten Tempel in Jerusalem auf (siehe 1. Kön 8,3 - 9), wohin sie viele Jahre später unter König Josia nach wechselvollem Geschick zurückkehrte (siehe 2. Chr 35,3). Nach der Zerstörung Jerusalems und des Tempels durch König Nebukadnezar von Babylon hören wir nie wieder etwas von der Bundeslade, und der Prophet Jeremia sagt, dass sie auch nicht wieder gemacht werden wird.

Als Jeremia über die Rückkehr Israels aus dem babylonischen Exil und den Wiederaufbau Jerusalems und des Tempels weissagt, fügt er hinzu: *"Und es soll geschehen, wenn ihr zahlreich geworden seid und euch ausgebreitet habt im Lande, so soll man, spricht der HERR, in jenen Tagen nicht mehr reden von der Bundeslade des HERRN, ihrer nicht mehr gedenken oder nach ihr fragen und sie nicht mehr vermissen; auch wird sie nicht wieder gemacht werden"* *(Jer 3,16).*

GOTT ERWÄHLT SICH DIE STÄTTE

Jedoch mit oder ohne Bundeslade: Der Tempel war die Wohnstätte Gottes. Der Tempel auf dem Berg des Herrn, dem Berg Zion in Jerusalem, das daher auch "die heilige Stadt" genannt wird (siehe Neh 11,1.18; Ps 24,3; Jes 27,13).

Was wissen wir heute über die historische Stätte, an der der Tempel gestanden hat? Was wir wissen ist, dass Salomo den Tempel in Jerusalem auf dem Berg Morija erbaute (siehe 2. Chr 3,1), demselben Berg Morija, auf dem Abraham seinen Sohn Isaak als Brandopfer für Gott auf den Altar gelegt hatte, bevor Gott eingriff und ihm einen Widder als Opfer an seines Sohnes statt zeigte (siehe 1. Mose 22,11 - 13). Abraham gab der Stätte einen neuen Namen: *"Und Abraham nannte den Ort 'Der Herr wird dafür sorgen', so dass man noch heute sagt: Auf dem Berg wird der HERR dafür sorgen!" (1. Mose 22,14; Schlachter).* Gnade ist also das Kennzeichen des Ortes, an dem der Tempel gestanden hat. Anders als in den vielen Tempeln anderer Götter war dies kein Ort, an dem Menschen die Forderungen ihres Gottes zu befriedigen hatten. Vielmehr war dies der Ort, an dem Gott für sein Volk sorgte (siehe Salomos Gebet in 1. Könige 8,31 - 53).

Der Tempelplatz ist identisch mit dem Berg Zion beziehungsweise dem Berg Morija. Die Gleichsetzung des Tempelbergs mit dem Berg Zion geht besonders aus einer Passage in den apokryphen Makkabäerbüchern hervor, wo es mit Bezug auf die Ruhmestaten des Makkabäers Simon heißt: *"Und das alles ließen sie auf eherne Tafeln schreiben, damit man sie an den Pfeilern auf dem Berge Zion anbrachte. (...) Und das Volk beschloss, dass man diese Entscheidung auf eherne Tafeln schreiben, diese sichtbar im Vorhof des Tempels anbringen und eine Abschrift in die Schatzkammer legen sollte ..." (1. Makk 14,26.48.49).*

Aber weshalb stand dort der Tempel? Mose hatte gesagt: *"Wenn nun der HERR, dein Gott, eine Stätte erwählt, dass sein Name daselbst wohne ..." (5. Mose 12,11),* und damit war klar, dass Gott sich den Ort selber erwählen würde. Es hat lange gedauert, bis Gott diese Stätte erwählt hat. Bis zur Zeit von König David. So sagt es sein Sohn Salomo bei der Einweihung des Tempels: *"Von dem Tage an, als ich mein Volk Israel aus Ägypten führte, hab ich keine Stadt erwählt unter irgendeinem Stamm Israels, dass mir ein Haus gebaut würde, damit mein Name da wäre. Jerusalem hab ich erwählt, dass mein Name da wäre, und David hab ich erwählt, dass er über mein Volk Israel Herr sein sollte. Mein Vater David hatte es zwar im Sinn, dem Namen des HERRN, des Gottes Israels, ein Haus zu bauen, aber der HERR sprach zu meinem Vater David: Dass du im Sinn hast, meinem Namen ein Haus zu bauen, daran hast du wohlgetan, dass du dir das vornahmst. Doch nicht du sollst das Haus bauen, sondern dein Sohn, der dir geboren wird, der soll meinem Namen ein Haus bauen. Und der HERR hat*

*sein Wort wahr gemacht, das er gegeben hat; denn ich (...)
habe dort eine Stätte zugerichtet der Lade, in der die Tafeln des Bundes sind, den er geschlossen hat mit unsern
Vätern, als er sie aus Ägyptenland führte" (1. Kön 8,16 - 21).*
Nun hat Salomo den Tempel zwar gebaut, aber David hatte
bereits alle Vorbereitungen treffen dürfen. So sagte er zu
seinem Sohn: *"Siehe, ich habe in meiner Mühsal herbeigeschafft für das Haus des HERRN hunderttausend Zentner
Gold und tausendmal tausend Zentner Silber, dazu Kupfer
und Eisen, das nicht zu wiegen ist, denn es ist zu viel;
auch Holz und Steine habe ich herbeigeschafft, davon
kannst du noch mehr anschaffen. (...) So mache dich auf
und richte es aus! Der HERR wird mit dir sein"* (1. Chr
22,14.16). David hat auch den Ort festgelegt, an dem der
Tempel gebaut werden sollte. Indem Gott sich für David entschied, entschied er sich für einen Mann nach seinem Herzen,
und David hat Gottes Wahl getroffen. Der Herr hat Davids
Herz inspiriert, so dass Davids Entscheidung letztlich Gottes
Entscheidung war.

David sagte: *"... ich will meine Augen nicht schlafen lassen noch meine Augenlider schlummern, bis ich eine Stätte
finde für den HERRN, eine Wohnung für den Mächtigen
Jakobs"* (Ps 132,4.5). Jerusalem sollte die Stadt sein, die der
Herr aus allen Stämmen Israels erwählt hatte, dass er seinen
Namen dort wohnen ließe (siehe 2. Chr 12,13); der Berg seines Erbteils, den er sich zur Wohnung gemacht hat; das Heiligtum, das seine Hand bereitet hat (siehe 2. Mose 15,17).
*"Denn der HERR hat Zion erwählt, und es gefällt ihm, dort
zu wohnen. 'Dies ist die Stätte meiner Ruhe ewiglich; hier
will ich wohnen, denn das gefällt mir' "* (Ps 132,13.14).
Gott der Herr, David und sein Königsgeschlecht, Jerusalem
und der Berg Zion, der Berg Morija: Sie gehören unauflöslich
zusammen, sagt Psalm 132.

Wie hat David gewusst, dass es genau dieser Ort sein musste? Weil er dort den Engel gesehen hatte, der wegen Davids
Sünde Verderben über Israel brachte: *"Als aber der Engel
seine Hand ausstreckte über Jerusalem, um es zu verderben,*

reute den HERRN das Übel und er sprach zum Engel, der das Verderben anrichtete im Volk: Es ist genug; lass nun deine Hand ab! Der Engel des HERRN aber war bei der Tenne Araunas, des Jebusiters" (2. Sam 24,16). Der Prophet Gad sagte dann zu David, er solle dort dem Herrn einen Altar errichten (siehe 2. Sam 24,18). David nahm die Stätte nicht einfach in Besitz, sondern kaufte sie von dem Jebusiter Arauna oder Ornan (siehe 2. Sam 24,18 - 25). Die Tenne und die Opfertiere kaufte er für fünfzig Lot Silber, den Platz für den Altar aber für Gold im Gewicht von sechshundert Lot (siehe 2. Sam 24,24; 1. Chr 21,25).

Für Gott ist nur Gold gut genug; es ist das Metall, das die Herrlichkeit Gottes symbolisiert. Der Herr bestätigte die Wahl dieser Stätte, indem er Feuer aus dem Himmel herniederfahren ließ: "Und David baute dem HERRN dort einen Altar und opferte Brandopfer und Dankopfer. Und als er den HERRN anrief, erhörte er ihn durch das Feuer, das vom Himmel fiel auf den Altar mit dem Opfer" (1. Chr 21,26). Gott würde sich eine Stätte zur Wohnung erwählen, hatte Mose gesagt. Gott erwählte sich durch seinen Knecht David die Stadt Jerusalem und den Berg Zion, den Berg Morija, wo Abraham bereit gewesen war, dem Herrn seinen Sohn Isaak zu opfern in dem festen Glauben, "dass Gott auch aus den Toten erwecken könne, von woher er ihn auch im Gleichnis empfing" (Hebr 11,19; Rev. Elberf.) - als prophetische Vorschattung auf Christus - und wies auf dem ausgedehnten Höhenzug des Zion genau auf jene Tenne Araunas hin als die Stätte, die er sich erwählt hatte.

ZERSTÖRUNG UND WIEDERAUFBAU

David leistete die Vorarbeit. Salomo baute den Tempel. Nebukadnezar zerstörte ihn (siehe 2. Chr 36,19). Nach der babylonischen Gefangenschaft wurde ein neuer, ein zweiter Tempel unter der Leitung des Serubbabel gebaut (siehe Esra 2,2; 3,1 - 8; 5,2). Von diesem Tempel ist wenig bekannt. Kyrus, der König von Persien, gab den Befehl zu seiner Errichtung: "So spricht Kyrus, der König von Persien: Der HERR, der

Gott des Himmels, hat mir alle Königreiche der Erde gege-
ben, und er hat mir befohlen, ihm ein Haus zu Jerusalem
in Juda zu bauen" (Esra 1,2).
Serubbabel war ein Nachfahre König Davids und erscheint
im Geschlechtsregister Jesu (siehe 1. Chr 3,19; Mt 1,12), und
die Propheten aus der Zeit nach der babylonischen Gefangenschaft, Haggai und Sacharja, seine Zeitgenossen und Mitarbei-
ter, reden von ihm (siehe Hag 1,1.12.14; Sach 4,6 - 10).

Haggai nennt Serubbabel einen Siegelring des Herrn (siehe
Hag 2,23). Der Tempel des Serubbabel, zwar größer, aber
weniger prachtvoll als der Tempel Salomos (siehe Esra 6,3),
hatte natürlich auch ein Allerheiligstes, aber die Bundeslade
stand nicht mehr darin. Nach jüdischer Tradition lag an ihrer
Stelle ein Stein, auf den der Hohepriester am Versöhnungsfest
die Räucherpfanne mit dem Weihrauch stellte. Es gab also
keinen Gnadenthron mehr, auf den das Blut der Sündopfer
gesprengt werden konnte.

Später beschloss Herodes der Große, diesen Tempel auf
prunkvolle Weise umzubauen als Versuch, sich unter den Juden
etwas beliebter zu machen. Die Bauarbeiten waren kaum vollendet, als die Römer im Jahre 70 nach Christus diesen Tempel
zerstörten. Nach Meinung einiger wurde unter Simon Bar
Kochba, der den jüdischen Widerstand gegen Kaiser Hadrian
anführte, im Jahre 132 nach Christus ein sehr kleiner Tempel
gebaut und das Tempelritual unter einem Hohepriester namens
Eleasar wieder eingeführt.

135 nach Christus jedoch wurde Jerusalem von Hadrian zu-
rückerobert, der den "Bar Kochba"-Tempel zerstörte und an
seiner Stelle einen Tempel für die drei römischen Götter Juno,
Jupiter und Minerva errichtete. Der Name der Stadt wurde in
"Aelia Capitolina" geändert, und sie wurde zu einer römischen
Garnisonsstadt ausgebaut.

Die Hoffnung auf den Wiederaufbau des Tempels lebte erneut auf unter Kaiser Julian Apostata im Jahre 362 nach
Christus. Geld und Baumaterial lag schon bereit. Aber einen
Tag, bevor die Bauleute mit der Arbeit anfangen sollten, ereignete sich - christlicher Überlieferung zufolge - am 19. Mai 363

nach Christus ein gewaltiges Erdbeben. Unterirdische Gase explodierten, und Feuer vernichtete das Baumaterial. Der Bau kam zum Stillstand. Unter Kaiserin Eudokia, der Gemahlin von Theodosius II., die sich 443 nach Christus sogar in Jerusalem niedergelassen hat, flammte die jüdische Hoffnung auf einen Wiederaufbau des Tempels erneut auf. Wiederum aber vergebens.

Im Jahre 614 wurden die Byzantiner von den Persern geschlagen. Die Juden, die ihnen dabei gegen den byzantinischen Kaiser Heraklius geholfen hatten, erhielten die Genehmigung, den Tempel wiederaufzubauen. Der persische König Chosrau II. ernannte einen Juden namens Nehemia zum Gouverneur über die Stadt, und es sah so aus, als ob die Geschichte sich wiederholen würde. Unter einem anderen Nehemia waren ja bekanntlich mit Erlaubnis des persischen Königs die Mauern der Stadt Jerusalem schon einmal wiedererbaut worden (siehe Neh 2,1 - 10)!

Die Juden hatten kurze Zeit (614 - 617) bei diesem persischen Schah einen gewissen Einfluss, dann aber änderte er aus politischen Erwägungen seine Haltung gegenüber den Juden, und der Tempel wurde wieder nicht gebaut. Schlimmer noch: Die Perser vertrieben die Juden aus Jerusalem. Als diese Stadt fünfzehn Jahre später vom byzantinischen Kaiser Heraklius zurückerobert wurde, war es endgültig vorbei mit den Träumen und Hoffnungen der Juden, denn dieser Kaiser baute auf dem Tempelberg eine christliche Kirche.

Im Jahr 638 eroberte der Islam das Heilige Land. In den Jahren 691 - 692 baute der Kalif Abd al-Malik mitten auf dem Tempelberg den achteckigen Felsendom, der mit seinem blattgoldbedeckten Kuppeldach bis heute das Panorama der Stadt Jerusalem beherrscht. Ein Zitat aus einer Koransure ist an mehreren Stellen auf ihm zu lesen: "Allah hat keinen Sohn", eine klare Leugnung des Gottes der Bibel und seines Sohnes Jesus Christus, des einzigen Erlösers für alle Menschen. Die christliche Kirche am Südende des ehemaligen Tempelplatzes wurde zur sogenannten Al-Aksa-Moschee umgebaut. Hasserfüllte Freitagspredigten gegen die Juden, gegen Gottes Erstgeborenen, seinen Augapfel, werden dort regelmäßig gehalten. Beide Gebäude stehen also auf den Fundamenten alter jüdischer und christlicher Heiligtümer. Ein dritter jüdischer Tempel schien für viele weitere Jahrhunderte ein aussichtsloser jüdischer Traum.

Bis zum 7. Juni 1967. Israelische Truppen eroberten unter der Führung von Moshe Dayan den Tempelberg zurück. Schon am gleichen Tag aber gab er den Befehl, die israelische Flagge, die über dem Felsendom gehisst worden war, herunterzuholen, und am 17. Juni 1967 übergab er den gesamten Tempelberg in die Hände des Wakf, der islamischen Religionsbehörde. Erneut heißt es seitdem auf dem Tempelberg: "Juden haben keinen Zutritt". Sie dürfen dort nicht beten, häufig dürfen sie ihn noch nicht einmal betreten. Beten dürfen Juden nur zu Füßen der früher so genannten "Klagemauer", einem Überrest der von Herodes errichteten Westmauer des Tempelberges.

DER TEMPEL DES ANTICHRISTEN?

Dennoch sind die Vorbereitungen zum Wiederaufbau des Tempels unter mehreren jüdischen Organisationen derzeit in vollem Gange. Unter den Schriftrollen, die in einer der Höhlen von Qumran am Ufer des Toten Meeres gefunden wurden, entdeckten Archäologen 1952 eine kupferne Schriftrolle, die nach Auffassung der Übersetzer eine Liste von 64 Verstecken enthält, in denen die Tempelschätze vergraben oder verborgen sein sollen. Rabbi Goren sagt, er sei sicher, dass auch in Lagerräumen tief unter dem Tempelberg selbst Tempelschätze versteckt seien.

Das Institut für Talmudstudien hat bereits mehr als 25 Bücher herausgegeben, die sich mit dem neuen Tempel befassen. Die Gruppe der so genannten "Getreuen des Tempelbergs" versucht regelmäßig, den Eckstein des neuen Tempels auf dem Tempelberg zu legen, was durch die israelischen Behörden bislang verhindert wird. Eine große Zahl Israelis mit levitischer Abstammung wird bereits in mehreren Jeschiwot, wie die jüdischen Religionsschulen heißen, für ihren zukünftigen Priesterdienst ausgebildet. Priestergewänder wurden vom

Tempelinstitut gewebt und Fonds werden angelegt. Wenn es dann irgendwann soweit ist, kann der Bau sehr schnell durchgeführt werden.

Manche Ausleger meinen, dies würde dann der Tempel sein, den Jesus meinte, als er von dem *"Gräuelbild der Verwüstung"* sprach, das *"an der heiligen Stätte, wovon gesagt ist durch den Propheten Daniel" (Mt 24,15)*, errichtet werden wird. Also jener Tempel, dessen neu wieder eingesetzten Opferdienst mit Schlachtopfern und Speisopfern ein "kommender Fürst" wieder aufheben wird, und zwar "zur Hälfte der Woche", also wahrscheinlich in der Mitte eines auf sieben Jahre festgesetzten Abkommens. Dies ist, was Daniel über diesen "kommenden Fürsten", also den Antichristen, sagt:

"Und stark machen wird er einen Bund für die Vielen, eine Woche lang; und zur Hälfte der Woche wird er Schlachtopfer und Speisopfer aufhören lassen. Und auf dem Flügel von Gräueln kommt ein Verwüster, bis festbeschlossene Vernichtung über den Verwüster ausgegossen wird" (Dan 9,27; Rev. Elberf.). Die Erlaubnis zum Bau dieses Tempels ist möglicherweise Teil eines siebenjährigen Abkommens, vielleicht eines Friedensvertrages, den dieser "kommende Fürst" mit Israel schließt. Wenn also solch ein siebenjähriges Abkommen geschlossen wird, kann der Tempel innerhalb kürzester Zeit wiedererbaut und der Opferdienst wiederaufgenommen werden. Die Vorbereitung für den Bau des Tempels dauert natürlich viel länger, aber sie ist in Israel ja auch schon mehrere Jahre in vollem Gange.

Aus welchem Grund würde solch ein Abkommen zwischen Israel und einem künftigen Weltführer zustande kommen? Viele Szenarien sind denkbar. Vielleicht als Schlusspunkt eines Krieges, der zuvor stattgefunden hat. Vielleicht ein Krieg der islamischen Welt gegen Israel. Bisher unerfüllte Prophetien erwähnen eine Verschwörung aller umliegenden Völker gegen Israel (siehe Ps 83,1 - 9) sowie die plötzliche Zerstörung der syrischen Hauptstadt Damaskus (siehe Jes 17,1 - 3). Auch ist die Rede von einem Einfall vom Norden her durch Gog von Magog, den Führer Russlands (siehe Hes 38 u. 39), zusammen mit seinen Verbündeten, die in Hesekiel 38,5.6 mit dem Iran, Afghanistan, Libyen, der Türkei, Äthiopien, dem Sudan und dem Irak identifiziert werden können.

Syrien und Jordanien werden dabei nicht genannt. Vielleicht, weil sie in einem vorangegangenen Krieg bereits besiegt worden sind.

Wie dem auch sei, der nahöstliche "Friedensprozess" führt schließlich zu einem Pakt, einem Abkommen, das auch den Wiederaufbau eines jüdischen Tempels ermöglichen wird. Aber wo? Etwa zwischen den beiden Moscheen auf dem Tempelberg, als Symbol der Verbrüderung der Religionen? Würden die christlichen Kirchen dem zustimmen? Oder würden der Tempelberg und die islamischen, christlichen und jüdischen heiligen Stätten in Jerusalem einem internationalen religiösen Komitee der Vereinten Nationen unter dem abwechselnden Vorsitz eines Juden, Moslems oder Christen unterstellt werden?

Man könnte sich wiederum viele Szenarien erdenken. Das Problem könnte sich auch durch die Zerstörung der Moscheen auf dem Tempelberg in einem Krieg oder durch ein Erdbeben lösen. Es wird aber ein Tempel sein, in den sich der Antichrist setzen und vorgeben wird, er sei Gott, sagt Paulus (siehe 2. Thess 2,4). Ein Tempel, dessen äußerer Vorhof von den Heiden zertreten wird, sagt Johannes (siehe Offb 11,2), und zwar zweiundvierzig Monate lang, das ist die zweite Hälfte der sieben Jahre des Antichristen. Jedoch wird es auch ein Tempel sein, den Johannes einen Tempel Gottes nennt, in dem Gott in Wahrheit angebetet wird (siehe Offb 11,1). Jesus, Paulus und Johannes sprechen übereinstimmend von einem Tempel.

Aber ist damit ein realer Tempel gemeint oder vielleicht die Gemeinde? Die Hoffnungen und Gebete der Juden konzentrieren sich auf den realen Wiederaufbau des Tempels, um so das Herzstück des Judentums wiederzubeleben. Aber dieser Tempel könnte sehr bald durch die Ursünde des Menschen, durch den Menschen der Bosheit, entweiht werden: ein Mensch, der Gott sein will. Diese Versuchung hatte Satan den Menschen schon ganz zu Anfang präsentiert. "Ihr werdet sein wie Gott", hatte er gesagt, "wenn ihr Gottes Gebote übertretet." In diesem

Sohn des Verderbens, dem Antichristen, der sich auf den Thron Gottes im Tempel setzt, wird sich das Wesen Satans ein letztes Mal offenbaren. Ein schlimmerer Gräuel "an der heiligen Stätte" ist undenkbar!

Enthält diese Thematik vielleicht heute schon, bevor sich diese prophetischen Worte buchstäblich erfüllen, eine geistliche Lektion für die Gläubigen, für die Gemeinde Jesu? Das Neue Testament bezeichnet die Gemeinde mehrmals als Tempel, als Haus Gottes oder als einen Leib. Stellt nicht in gewisser Weise der Aufstieg der liberalen, humanistischen Theologie in der Christenheit, bei der sich alles um den Menschen dreht, der sich in seinem tiefsten Inneren für Gott hält, bereits eine Art Vorerfüllung dieser Prophetie dar? Der Mensch, der glaubt, er sei wegen des "göttlichen Funkens" in sich wie Gott, und der deshalb ohne jegliche Bindung an eine höhere Autorität außerhalb seiner selbst über Gut und Böse entscheiden will - kommt das dem Sinn dieser Bibelworte nicht schon sehr nahe? Haben große Teile der Christenheit nicht vielleicht schon teil an dieser Form des Götzendienstes: der Anbetung des Menschen an der Stelle Gottes? Wo dem so ist, wird sie als Teil der endzeitlichen Hurenkirche enden.

DER WIEDERKUNFT CHRISTI NÄHER

Die Entweihung des künftigen dritten Tempels wird ein Ende haben, wenn der Messias, Jesus Christus selbst, schließlich erscheint. Je mehr vom Wiederaufbau des Tempels geredet wird, desto mehr nähern wir uns wahrscheinlich der Wiederkunft Christi. Wird dieser dritte Tempel dann letzten Endes zu einem vierten Tempel umgebaut werden, so wie damals der Tempel des Serubbabel von Herodes dem Großen vergrößert und verschönert wurde? Wahrscheinlich nicht. Die Beschreibung des Tempelkomplexes in Hesekiel 40 - 48 ist die eines Tempels, der da sein wird, nachdem Gog und seine Verbündeten auf den Bergen Israels geschlagen wurden, was in den vorangehenden Kapiteln 38 und 39 beschrieben wird. Der dritte Tempel, der Tempel des Antichristen, wird wahrscheinlich nur kurze Zeit stehen. Er ist nur ein Zwischenspiel, ein jüdischer

Traum, der in Rauch aufgeht.

Der Tempel von Hesekiel, der vierte Tempel, scheint übrigens auch an einer anderen Stelle zu liegen. Nicht auf dem heutigen Tempelberg in Jerusalem, sondern etwas außerhalb, nördlich der eigentlichen Stadt. *"Und immer noch wird Jerusalem an seiner Stätte bleiben in Jerusalem"*, sagt Sacharja (Sach 12,6; Rev. Elberf.), aber das südlicher gelegene Gebiet wird eine Niederung sein, sagt er (siehe Sach 14,10). Hingegen wird *"der Berg, da des HERRN Haus ist, fest stehen, höher als alle Berge und über alle Hügel erhaben" (Jes 2,2).*

Das kann nur bedeuten, dass sich die Topographie Jerusalems und seiner Umgebung stark verändern wird! Auch der Ölberg wird sich in der Mitte spalten (siehe Sach 14,4), und Jerusalem selbst wird von einem Erdbeben getroffen (siehe Offb 11,13). Schließlich aber wird Jerusalem eine offene Stadt werden (siehe Sach 2,8.9). Schützende Mauern irgendwelcher Art sind dann nicht mehr nötig, denn dann wird Friede sein. Der Friedefürst wird dann da sein. Denn wie finster die Ereignisse in der Welt und besonders im Nahen Osten noch werden: Israel zieht hin zu seiner Ruhe. Und der Herr wird dort für immer seine Ruhestatt haben (siehe Ps 132,14).

So wie Israel hinzieht zu seiner Ruhe im irdischen Jerusalem, so ist die Gemeinde auf dem Heimweg zur Ruhe des himmlischen Jerusalem (siehe Hebr 12,22 - 24). Dieses neue Jerusalem wird dereinst auf die Erde herabkommen, wenn ein neuer Himmel und eine neue Erde sein werden, in denen Gerechtigkeit wohnt (siehe 2. Petr 3,13; Offb 21,1 - 22,5). Wie diese beiden Städte, das irdische und das himmlische Jerusalem, in der Zeit des messianischen Friedensreiches (siehe Sach 14,8 - 21; Offb 20,1 - 10) zueinander in Beziehung stehen werden, darüber lässt sich nur spekulieren. Am Ende aber wird Gott alles und in allem sein (siehe 1. Kor 15,28). Maranatha - komm, Herr Jesus! (siehe 1. Kor 16,22; Offb 22,20).

Ist es aufgrund des bisher Gesagten absolut zwingend, dass der Tempel in Jerusalem wiedererbaut wird, bevor Jesus wiederkommt? Können die Bibelstellen aus Jesu Endzeitrede, aus den Briefen des Apostels Paulus und aus der Offenbarung

Jesu Christi an Johannes nicht auch geistlich gedeutet werden? Kann man die Hinweise auf einen "Tempel" nicht auch geistlich als "die Kirche" oder als ein Christentum verstehen, in dem antichristliches Denken regiert, etwa so, wie zur Zeit der Französischen Revolution die "Göttin der Vernunft" in der Kathedrale Notre Dame in Paris verehrt wurde? Dies so zu betrachten, ist gewiss möglich und um der darin enthaltenen geistlichen Lehren willen sogar notwendig. Das schließt aber einen buchstäblichen Tempelbau keineswegs aus.

Es ist in den letzten Jahren während Israels Wiedererstehen im verheißenen Land bereits so Vieles in Erfüllung gegangen, dass auch dies uns nicht in Erstaunen versetzen sollte, ungeachtet eventueller theologischer Probleme für unser christliches Denken. Allerdings beinhaltet gerade die geistliche Verderbtheit, die sich in dem wiederaufzubauenden Tempel in Jerusalem auf den Thron setzen wird, schon jetzt eine geistliche Lehre für jeden persönlich, und zwar diese: Wir dürfen unseren Leib, der ein Tempel des Heiligen Geistes ist, nicht verunreinigen lassen, sondern müssen wachsam bleiben, auch gegenüber verschiedenen Spielarten antichristlicher Theologien und Philosophien, in denen der gefallene Mensch in den Mittelpunkt gestellt wird.

9 DEIN REICH KOMME!

Als Jesus seine Jünger das bekannteste und schönste aller Gebete, das Vaterunser, lehrte, begann er mit diesen Worten: *"Unser Vater im Himmel! Dein Name werde geheiligt. Dein Reich komme. Dein Wille geschehe wie im Himmel so auf Erden" (Mt 6,9.10).* Was meinte er mit der Bitte um das Kommen des Reiches? Handelt es sich dabei um ein geistliches Reich, das in den Herzen der Menschen lebt? Zweifellos gehört das auch dazu. Paulus sagt: *"Denn das Reich Gottes ist nicht Essen und Trinken, sondern Gerechtigkeit und Friede und Freude in dem Heiligen Geist. Wer darin Christus dient, der ist Gott wohlgefällig und bei den Menschen geachtet" (Röm 14,17.18).*

Durch die Wiedergeburt empfängt ein Mensch den Heiligen Geist. *"- in ihm seid auch ihr, als ihr gläubig wurdet, versiegelt worden mit dem Heiligen Geist, der verheißen ist, welcher ist das Unterpfand unsres Erbes" (Eph 1,13b.14a).* Das ist Gottes Gabe an alle, die die Botschaft des Evangeliums annehmen: *"... die ihr das Wort der Wahrheit gehört habt, nämlich das Evangelium von eurer Seligkeit" (Eph 1,13a).*

So ist dies heute eine Form oder Äußerung des Reiches Gottes: Eine Gemeinschaft von Menschen, die durch den Glauben an Christus und das Erfülltsein mit dem Heiligen Geist Jesus Christus in der Welt dienen und durch Wort und Werk Zeichen des kommenden Reiches aufrichten. So wie Jesus selbst es Zeit seines Lebens getan hat. Die Wunder, die er tat, nannte er "Zeichen des Reiches". Sie waren Lichtpunkte in der Finsternis, Hinweise auf das Reich Gottes, das in der Zukunft kommt. Kranke werden geheilt und Tote auferweckt, Hungrige werden gesättigt, Blinde können sehen und Taube hören, ja, sogar Sünden werden vergeben.

Als Johannes dem Täufer, den Herodes ins Gefängnis gesperrt hatte, Zweifel kamen, ob Jesus wirklich der langersehnte Messias Israels ist, ließ er ihn durch seine Jünger fragen: *"Bist du es, der da kommen soll, oder sollen wir auf einen andern warten?" (Mt 11,3)*. Die Antwort, die Jesus gibt, ist ein Zitat aus Worten des Propheten Jesaja (siehe Jes 29,18; 35,5.6; 61,1). Wer Jesaja 35 aufschlägt, sieht, dass das Zitat dort nahtlos in die prophetische Vision einer erneuerten Natur übergeht. Hier der vollständige Wortlaut: *"Dann werden die Augen der Blinden aufgetan und die Ohren der Tauben geöffnet werden. Dann werden die Lahmen springen wie ein Hirsch, und die Zunge der Stummen wird frohlocken. Denn es werden Wasser in der Wüste hervorbrechen und Ströme im dürren Lande. Und wo es zuvor trocken gewesen ist, sollen Teiche stehen, und wo es dürre gewesen ist, sollen Brunnquellen sein. Wo zuvor die Schakale gelegen haben, soll Gras und Rohr und Schilf stehen" (Jes 35,5 - 7)*. Der vorhergehende Vers aber lautet: *"Seid getrost, fürchtet euch nicht! Seht, da ist euer Gott! Er kommt zur Rache; Gott, der da vergilt, kommt und wird euch helfen" (Jes 35,4)*. Was Johannes eigentlich wissen wollte, war: "Bist Du der König, der Messias, der die Gottlosen richten und danach das Friedensreich gründen wird?" Und Jesus hat es nicht abgestritten.

ZUERST DAS EVANGELIUM

Auf die Frage, wann das Reich Gottes kommen werde, antwortete Jesus bei einer anderen Gelegenheit: *"Das Reich Gottes kommt nicht so, dass man's beobachten kann; man wird auch nicht sagen: Siehe, hier ist es!, oder: Da ist es! Denn siehe, das Reich Gottes ist mitten unter euch" (Lk 17,20.21)*. Die Wendung "mitten unter euch" lässt sich auch mit "in euch" übersetzen. Beide Übersetzungen sind möglich, denn beide Bedeutungen treffen zu: Wo Jesus ist, da ist auch das Reich Gottes mitten unter den Menschen. Dort geschehen dann auch die Zeichen des Reiches Gottes. So war es zu Jesu Lebzeiten auf Erden: Die Wunder waren da, und das Reich Gottes war da - in der Person Jesu. Es bedeutet auch: Wenn

Jesus durch seinen Heiligen Geist in einem Menschen ist, so ist auch das Reich Gottes in diesem Menschen gegenwärtig. Deshalb sagte er auch, dass diese Zeichen denen folgen werden, die glauben (siehe Mk 16,17.18), ja, dass sie sogar größere Werke tun werden, als er getan hat (siehe Joh 14,12).

Obwohl also das Reich Gottes mit dem ersten Kommen Jesu nach Israel ganz nahe gekommen war, war damals noch nicht die Zeit, dass es sich über die ganze Welt ausbreiten würde. Der Textzusammenhang des Wortes, das Jesus aus Jesaja 61,1.2 zitierte, ist darin sehr bemerkenswert. Der Abschnitt lautet: *"Der Geist Gottes des HERRN ist auf mir, weil der HERR mich gesalbt hat. Er hat mich gesandt, den Elenden gute Botschaft zu bringen, die zerbrochenen Herzen zu verbinden, zu verkündigen den Gefangenen die Freiheit, den Gebundenen, dass sie frei und ledig sein sollen; zu verkündigen ein gnädiges Jahr des HERRN..."* So zitierte Jesus ihn in der Synagoge in Nazareth (siehe Lk 4,16 - 21). Danach schloss er die Rolle des Jesajabuches, gab sie dem Synagogendiener und setzte sich. Dann sagte er: *"Heute ist dieses Wort der Schrift erfüllt vor euren Ohren"* (Lk 4,21).

Bei Jesaja folgen jedoch noch ein paar Worte, die Jesus bewusst ausgelassen hat, und zwar: *"... und einen Tag der Vergeltung unsres Gottes, zu trösten alle Trauernden"* (Jes 61,2b). Jesus wusste, dass dieser Zeitpunkt noch nicht gekommen war. Der Tag der Vergeltung und des Gerichts, der dem Kommen des Reiches Gottes auf Erden vorangeht, liegt noch in der Zukunft. Vorher muss erst das "gnädige Jahr des HERRN" kommen. Dieses Jahr der Gnade Gottes, der weltweiten Verkündigung des Evangeliums, dauert jetzt schon zweitausend Jahre. Auf der ganzen Welt werden die Menschen durch das Evangelium eingeladen, zu Gott umzukehren, seine Vergebung zu erlangen und eine bestimmte Auswirkung des Reiches Gottes bereits heute zu erfahren: das Leben Jesu in ihrem Leben. Vor dem Tag des Herrn, dem Tag der Vergeltung, liegt also eine lange Gnadenzeit. Elemente, die bei den Propheten des Alten Testaments scheinbar fest miteinander verknüpft sind, löst Jesus voneinander. Zuerst die weltweite

Verkündigung des Evangeliums, dann das Gericht und das Kommen des Reiches. Zuerst die verborgene Gestalt des Reiches in den Herzen der Menschen, dann das Reich Gottes in seiner äußerlich sichtbaren, weltweiten Gestalt. Und dieses sichtbare Reich wird unlöslich mit Israel verbunden sein

Nachdem Jesus sein großes Erlösungswerk am Kreuz vollbracht, mit seinem kostbaren Blut die Sünden der Welt gesühnt und die Macht der Sünde gebrochen hatte, als der Teufel und die Mächte der Finsternis geschlagen waren und Jesus im Triumph aus den Toten auferstanden war, fragten ihn seine Jünger kurz vor seiner Himmelfahrt voller Sehnsucht: *"Herr, wirst du in dieser Zeit wieder aufrichten das Reich für Israel?" (Apg 1,6).* Jesus hat ihnen darauf nicht geantwortet: "Was für eine dumme Frage! Versteht ihr denn immer noch nicht, dass es sich nicht um ein irdisches Reich handelt, in dem Israel an oberster Stelle stehen wird, sondern um ein himmlisches, ein geistliches Reich?" Nein, er sagte nur: *"Es gebührt euch nicht, Zeit oder Stunde zu wissen, die der Vater in seiner Macht bestimmt hat; aber ihr werdet die Kraft des Heiligen Geistes empfangen, der auf euch kommen wird, und werdet meine Zeugen sein in Jerusalem und in ganz Judäa und Samarien und bis an das Ende der Erde" (Apg 1,7.8).*

Das waren seine letzten Worte, denn dann hüllte ihn die Wolke der Herrlichkeit Gottes, die "Schechinah", ein und nahm ihn von der Erde weg.

So sagte Jesus es auch in seiner Endzeitrede auf dem Ölberg: *"Und es wird gepredigt werden dies Evangelium vom Reich in der ganzen Welt zum Zeugnis für alle Völker, und dann wird das Ende kommen" (Mt 24,14).* Die verborgene Gestalt des Reiches Gottes in den Herzen der Menschen, in der Gemeinde Jesu Christi, kommt zuerst. Mit dieser Predigt vom Evangelium vom Reich wird ausdrücklich nicht die Revolution gepredigt. Wenn es Jesus um ein Reich gegangen wäre, das mit Gewalt gegründet werden könnte oder müsste, so hätte er niemals zu Pilatus gesagt: *"Mein Reich ist nicht von dieser Welt" (Joh 18,36a).* - Das griechische Wort "Äon" an dieser

Stelle bedeutet so viel wie "diese Weltperiode, diese Phase der Weltgeschichte, dieses Zeitalter". - *"Wäre mein Reich von dieser Welt, meine Diener würden darum kämpfen, dass ich den Juden nicht überantwortet würde; nun aber ist mein Reich nicht von dieser Welt" (Joh 18,36b).*
Als Pilatus ihn dann aber fragte, ob er dennoch ein König sei, bejahte Jesus seine Frage.

Er ist aber mehr als das. Er ist nicht nur ein König. Er ist der Weg und die Wahrheit und das Leben. Er ist der Weg zu Gott. Er ist die Wahrheit wider alle Lüge und den Vater der Lüge, den Teufel. Er ist das Leben, das ewige Leben. Jesus verkündet nicht einfach eine theologische oder philosophische Lehre, sondern er ist selbst das, was er predigt - er selber in Person. Durch sein Erlösungswerk hat Jesus auch die alles durchdringende Macht des Todes, das Todesprinzip, das seit dem Sündenfall des Menschen über die gesamte Schöpfung herrscht, grundsätzlich überwunden. Damals hatte Gott zum Menschen gesagt: *"... so sei der Erdboden verflucht um deinetwillen" (1. Mose 3,17b; Rev. Elberf.).* Der Mensch lernte von da an als Folge der Sünde den Tod kennen, und die ganze Schöpfung mit ihm. *"Denn wir wissen, dass die ganze Schöpfung zusammen seufzt und zusammen in Geburtswehen liegt bis jetzt"*, sagt Paulus (Röm 8,22; Rev. Elberf.). Die Verse davor lauten: *"Denn die Schöpfung ist der Nichtigkeit unterworfen worden - nicht freiwillig, sondern durch den, der sie unterworfen hat - auf Hoffnung hin, dass auch selbst die Schöpfung von der Knechtschaft der Vergänglichkeit freigemacht werden wird zur Freiheit der Herrlichkeit der Kinder Gottes" (Röm 8,20.21; Rev. Elberf.).* Die Schöpfung befindet sich nicht in einem ständigen Prozess der Aufwärtsentwicklung, der Evolution, sondern in einer fortwährenden Abwärtsspirale von Tod, Aussterben und Auslöschung!

DER ANFANG DER ERLÖSUNG
Der Wendepunkt der Geschichte hat jedoch bereits stattgefunden: Jesus Christus ist gestorben, ja vielmehr, er ist auch wieder auferweckt worden aus den Toten!

Der Brückenkopf des Sieges Gottes ist gesichert. Das ist der Ausgangspunkt dafür, dass alles anders wird. Als erstes beginnt das Reich Gottes durch den Heiligen Geist in den Herzen der Menschen zu regieren, die zu seiner Gemeinde, der Gemeinde Jesu Christi, gehören. Danach, wenn er wiederkommt in Herrlichkeit, wird er sein Reich für die ganze Welt sichtbar errichten.

Und genau damit hat Israel zu tun. Genau damit hat die Rückkehr des jüdischen Volkes, die schon seit Jahrzehnten vor unseren Augen geschieht, zu tun. Es ist der Anfang, das Vorspiel zur Erlösung der Welt. Israel zieht hin zu seiner Ruhe. Von Zion wird Weisung ausgehen und des Herrn Wort von Jerusalem (siehe Jes 2,3). Die Völker werden hinfort nicht mehr lernen, Krieg zu führen (siehe Micha 4,3), Friede wird die ganze Erde bedecken. Dann wird das Reich Gottes da sein, weil dann auch der König dieses Reiches gekommen sein wird, der Messias Israels, der König aller Könige und Herr aller Herren (siehe Offb 19,16), Jesus Christus.

Wird die Geschichte dieser Welt sozusagen "nahtlos" und allmählich in das Reich Gottes übergehen? Wird Christi Wiederkunft den Nahost-Friedensprozess, den die Menschheit schon jahrelang einzuleiten versucht und der die Verfechter einer neuen Weltordnung zunehmend mehr beschäftigt, gewissermaßen ganz organisch abschließen und vollenden? Wird er quasi der Schlussstein eines von Menschen errichteten Bauwerks sein? Nein, dieser menschliche "Schlussstein" wird der Antichrist sein, der falsche "Ersatz-Christus" anstelle des echten Christus. Denn das griechische Wort "anti" bedeutet "anstelle von". Es bedeutet aber auch "gegen". Der Antichrist wird gegen Christus sein. Gegen Gott. Gegen die Christen und gegen die Juden. Gegen die Bibel, das Wort Gottes. Versteckt unter dem Schein schöner Worte wie "Gerechtigkeit", "Versöhnung", "Toleranz", "Einheit der Religionen" und "Frieden" und schönen Reden von Brot und Spielen, von Wohlstand und Glück für alle.

Alle, die sich den künftigen glorreichen Errungenschaften dieser "schönen neuen Welt" verweigern, werden in den Genuss einer "Umerziehung" kommen. Wer sich dennoch widersetzt, landet, wie heute vor allem in kommunistischen Diktaturen üblich, in der Psychiatrie oder in einem Vernichtungslager, einem KZ. Man wird diese Leute dank eines lückenlosen Überwachungssystems zu finden wissen - mit Hilfe von Hochleistungscomputern und hochqualifizierten globalen Polizeikräften. Mit den geeigneten Druckmitteln wird jeder Einzelne erkennen, dass es nur zu seinem Besten und zum Besten aller ist, sich dem System anzupassen. Das Tier verlangt Anbetung, und alle werden es anbeten (siehe Offb 13,8). Alle, die das Tier und sein Bild nicht anbeten, werden Ausgestoßene sein, ausgeschlossen aus dem Weltwirtschaftssystem, verfolgt und am Ende getötet (siehe Offb 13,15 - 17). Viele werden ihre Treue zu Christus und dem Wort Gottes mit dem Leben bezahlen müssen (siehe Offb 6,11). Die Frau, die große Hure, ist betrunken von dem Blut der Heiligen (siehe Offb17,6). *"Wer aber beharrt bis ans Ende, der wird selig werden" (Mt 24,13)*.

Immer wieder hat die Geschichte gezeigt, was geschieht, wenn der Mensch das Reich Gottes selber zu gründen versucht. "Freiheit, Gleichheit, Brüderlichkeit", so lautete die Parole der Französischen Revolution. Doch bald floss das Blut in Strömen, und die Revolution verschlang ihre eigenen Kinder. Die kommunistische Revolution würde zwangsläufig in das Friedensreich der klassenlosen Gesellschaft münden, so hatte Karl Marx gelehrt. Millionen und Abermillionen Tote in der Sowjetunion und in China, die völlige Verarmung der Massen und der Zusammenbruch der Gesellschaft waren die Folge. Hitler schließlich wollte das sogenannte "Dritte Reich " gründen, um seine Vorstellung vom Weltfrieden zu verwirklichen. Nie zuvor ist daraufhin Europa und letztlich die ganze Welt durch solch eine schwarze Nacht gegangen. Es gab viele Millionen Kriegsopfer, aber der eigentliche Hass richtete sich gegen die Juden und die Christen, gegen jene, denen Gott sein Wort offenbart hatte. Nicht gegen die Moslems, obgleich auch diese überzeugt sind, ihr Gott Allah habe zu ihnen durch den Koran gesprochen. Im Gegenteil. Die arabische Welt hat Deutschland voller

Überzeugung und Hoffnung auf den Erfolg seiner "Endlösung" unterstützt.

Nein, das Reich Gottes, das Friedensreich, kommt erst, wenn Christus wiederkommt.

Vorher jedoch kommen weltweite Katastrophen und apokalyptische Gerichte Gottes, die der Apostel und Seher Johannes in vielen Visionen sah und die er in dem Buch der "Offenbarung Jesu Christi" niedergeschrieben hat. Wenn es danach aussieht, als hätten die Mächte der Finsternis ihr Ziel fast erreicht und als wären sie ihrem weltweiten Sieg zum Greifen nahe, so wird er kommen und alles neu machen. Er, der Messias Jesus Christus, wird alle Verheißungen, die er seinem Volk gab, auch für Israel in Erfüllung gehen lassen, genauso, wie er alle Verheißungen, die er seiner Gemeinde, seiner Braut gab, auch für seine Gemeinde erfüllen wird.

Diese notwendige Unterscheidung findet in der Ersatztheologie nicht statt. "Die Kirche" tritt da fälschlicherweise an die Stelle Israels. Die Verheißungen der Bibel gelten dann der "Kirche", die Gerichtsworte der Bibel werden dagegen allein dem jüdischen Volk und Israel zuteil. Dieses unbiblische Denken ist immer noch weit verbreitet.

Es wurde und wird in weiten Teilen der Christenheit immer noch gelehrt, das Reich Gottes würde am Ende durch die weltweite Ausbreitung des Christentums kommen. Auch Theologen der reformierten Kirche wie beispielsweise Abraham Kuyper lehrten, dass eines Tages die ganze Welt infolge der weltweiten Evangeliumsverkündung christlich sein würde. Dann, quasi als Schlussstein der weltweiten Predigt des Evangeliums, würde Christus wiederkommen. Darauf würde das Jüngste Gericht folgen, und der neue Himmel und die neue Erde würden erscheinen.

Die römisch-katholische Kirche wiederum lehrt, die Kirche besitze zwei Schwerter, ein geistliches und ein zeitliches, irdisches. Die Kirche übe ihre Macht durch das geistliche Schwert aus, wohingegen der Staat und weltliche politische Führer die Anweisungen der Kirche durch die Handhabung des irdischen Schwertes ausführten. Israel spielt dabei keine Rolle. Ein Reich

Gottes mit Israel im Mittelpunkt ist in diesem Zusammenhang undenkbar.

Doch genau das Gegenteil des Erwarteten geschieht heute. In Europa schwindet der christliche Einfluss mehr und mehr, während gleichzeitig Israel in seine alte Heimat zurückkehrt. Das Evangelium wird zwar immer noch in der ganzen Welt gepredigt, und viele Menschen kommen zum Glauben, doch zugleich nehmen die Verfolgungen zu. Und selbst wenn jeder einzelne gläubige Christ wirklich sein Äußerstes für Gott gäbe, würde dadurch das Reich Gottes nicht herbeigeführt. Alles, was je zu sehen sein wird, sind zeichenhafte Hinweise auf das Reich Gottes.

So sicher das eine ist, dass die Gemeinde das Reich Gottes nicht bringen wird, so sicher ist auch dies: Gott selbst wird sein Reich kommen lassen! Jesus Christus wird das Reich Gottes aufrichten, und das vielleicht schon sehr bald. Die Rückkehr der Juden nach Israel, in ihr eigenes Land, zeigt uns, dass Israel dabei ist, nach Hause zu kommen, und dass Jesus bald wiederkommen wird. Wer weiß, wie nah sein Kommen ist. Maranatha!

10 BRINGT DIE JUDEN HEIM!

Im August 1997 feierte der Jüdische Weltkongress in Basel, dass dort in der Schweiz hundert Jahre zuvor der erste Zionistische Kongress unter der Leitung von Theodor Herzl stattgefunden hatte. Der Zionismus war und ist die jüdische Bewegung mit nur einem Ziel vor Augen: nach Hause, zurück nach Israel, nach Zion. Die jahrhundertelange weltweite Zerstreuung sollte ein Ende haben. Es sollte ein unabhängiger jüdischer Staat entstehen. Und wo? Natürlich im alten Land Israel.

Und die Juden fingen an zu kommen. Auf der Flucht vor Pogromen des zaristischen Russland am Ende des neunzehnten Jahrhunderts. Aus den Ländern Mitteleuropas, vor allem aus Polen und dem Balkan. Herzl hatte 1897 vorausgesagt, dass es höchstens fünfzig Jahre dauern würde, bis es einen jüdischen Staat Israel gäbe. Es dauerte genau fünfzig Jahre, bis seine Voraussage eintraf: 1947 war das Jahr, in dem die Vollversammlung der Vereinten Nationen den Beschluss fasste, dass die Juden ihr eigenes Heimatland haben sollten, und zwar in Palästina, wie das Land Israel damals hieß.

Nirgends wird in der Bibel das Land Kanaan Palästina genannt. Dieser Name stammt von dem Namen der Philister, der Erzfeinde Israels im Alten Testament. Nach ihnen benannten die Römer das Gebiet Palästina. Und so hieß es auch noch zur Zeit des UN-Beschlusses.

Aber der Prophet Hesekiel weissagte über die Rückkehr des zerstreuten jüdischen Volkes, als er sah, wie das Tal der verdorrten Totengebeine wieder zum Leben kommt, wie die Gebeine zusammenrückten, wie Sehnen, Fleisch und Haut darüber wuchsen und sie auf sein Wort hin auch mit Lebensodem angeblasen wurden. Der Herr sagte in der Deutung dieses Gesichts: *"Siehe, ich will eure Gräber auftun und hole euch, mein Volk, aus euren Gräbern herauf und bringe euch ins Land Israel" (Hes 37,12).*

Das Land Israel. So heißt es. So nennt der Engel es, als er Josef im Traum erscheint (siehe Mt 2,20.21). Dorthin sollten die Juden ziehen. Wir sehen es seit mehr als hundert Jahren vor unseren Augen geschehen. Wankend kamen sie als lebende Skelette aus den Konzentrationslagern Westeuropas. Nach Hause.

EXODUS

Die Briten versuchten, sie aufzuhalten, aber vergebens. Denn jetzt war Gottes Zeit gekommen.

1948 wurde der jüdische Staat proklamiert, 1998 das fünfzigjährige Bestehen des Staates Israel gefeiert. Dazwischen war ein drittes fünfzigjähriges "Jubiläum" eingetroffen: Die "Balfour-Deklaration", in der die britische Regierung den Juden das Anrecht auf eine eigene nationale Heimat - eben das damalige "Palästina" - zugesprochen hatte, war 1917 veröffentlicht worden, und 1967, also genau fünfzig Jahre später, wurde Jerusalem wieder zur ungeteilten Hauptstadt des unabhängigen jüdischen Staates Israel. Die vorübergehende Besetzung Ostjerusalems durch Jordanien war vorbei. Ein Land, ein Volk, eine Stadt und ein Staat: Gottes Verheißungen erfüllten sich Punkt für Punkt. Aus aller Welt kamen und kommen sie zum Teil in riesigen Einwanderungswellen, wie beispielsweise nach dem Zusammenbruch der kommunistischen Sowjetunion, als Hunderttausende binnen kürzester Zeit ins Land kamen. Heute leben mehr als eine Million Juden aus der ehemaligen UdSSR in Israel. Zum Teil kommen sie auch nur in kleinen Gruppen. Sie kommen mit dem Flugzeug aus arabischen Ländern und aus Äthiopien in gewagten israelischen Aktionen. Mit dem Schiff, über Land, manchmal sogar zu Fuß, kommen sie von überall her nach Hause zurück. Nach Israel. "Herr, stelle uns wieder her in Zion", hatten sie jahrhundertelang gebetet. Der Traum von Zion wurde wahr.

FISCHER UND JÄGER

"Christians for Israel", eine internationale, politisch unabhängige und überkonfessionelle christliche Bewegung in den Niederlanden,

126

Amerika, England und Deutschland, ist eine der Organisationen, die regelmäßig Aktionen durchführen, um Juden heimzubringen. Dies geschieht aufgrund der festen Überzeugung, dass die Heimkehr der Juden nach Israel die Erfüllung biblischer Prophetie ist. Wir glauben, dass unsere Liebe und Sorge für Israel nicht nur aus Worten bestehen darf, sondern wir wollen auch etwas für Israel tun. Daher besteht eines unserer Projekte aus der Hilfe für Juden, die nach Israel zurückkehren wollen, insbesondere für Juden aus der Ukraine und anderen Ländern der ehemaligen Sowjetunion, wo schätzungsweise noch eine Million Juden leben. Vor allem die Ukraine ist ein Land mit einer schauderhaften antisemitischen Vergangenheit. Viele Massaker haben dort unter den Juden stattgefunden, häufig unter der Mitwirkung der Kirche. Heute kommen junge Christen aus Westeuropa, aus England, Belgien, den Niederlanden und anderen Ländern, mit folgender Botschaft zu ihnen: "Kehrt heim! Geht, solange es noch möglich ist, bevor die Grenzen wieder geschlossen werden. Wir helfen euch!" Sie informieren die Juden über den für sie kostenlosen Bustransfer zum Flughafen und darüber, dass Vertreter der Jewish Agency sie dort in Empfang nehmen und sich um den Flug nach Israel kümmern, wo sie die israelische Einwanderungsbehörde weiter betreut. Sie berichten ihnen von den Hilfen, die ihnen Israel gewährt beim Erlernen der Sprache, bei der Wohnungssuche und in finanziellen Angelegenheiten, damit sie möglichst schnell einen Beruf ausüben oder erlernen, sich ihren Lebensunterhalt selbst verdienen und so auf die ihnen gemäße Weise Teil der jüdischen Gesellschaft in Israel werden können. "Aber kehrt heim", sagen sie, "geht zurück nach Israel, denn jetzt ist Gottes Zeit. Lest in der Bibel, was eure eigenen Propheten gesagt haben. So sagt es schon der Prophet Jeremia: ' *Darum siehe, es kommt die Zeit, spricht der HERR, dass man nicht mehr sagen wird: 'So wahr der HERR lebt, der die Israeliten aus Ägyptenland geführt hat,' sondern: 'So wahr der HERR lebt, der die Israeliten geführt hat aus dem Lande des Nordens und aus allen Ländern, wohin er sie verstoßen hatte.' Denn ich will sie zurückbringen in das Land, das ich ihren Vätern*

gegeben habe. Siehe, ich will viele Fischer aussenden,
spricht der HERR, die sollen sie fischen; und danach will
ich viele Jäger aussenden, die sollen sie fangen auf allen
Bergen und auf allen Hügeln und in allen Felsklüften' (Jer
16,14 - 16)."

Die Fischer sollen die Juden wie mit einem lockenden Köder
auf freundliche Art und Weise fangen und ihnen helfen zu
erkennen, dass jetzt die Zeit ist, freiwillig, aus eigenem Ent-
schluss und Antrieb, nach Israel zu gehen. Die Jäger hingegen
jagen, um zu töten. Sie werden die Juden erbarmungslos auf-
stöbern und verfolgen, wo sie nur können, und nur wenige
werden ihnen entkommen. Hitler war so ein Jäger. Der Antisemitismus ist eine Art weltweites Jagdfieber. Auch heute gibt
es viele Menschen, die wie Hitler versuchen, die Juden wie
Jagdwild zu hetzen und zur Strecke zu bringen. Viele Juden
werden dadurch aufgeschreckt und letztlich bereit, ihr mitunter
sehr komfortables Heim, das sie sich irgendwo in der Welt, in
der Diaspora, eingerichtet haben, hinter sich zu lassen und
Alija zu machen, nach Israel zurückzukehren.

"Kehrt nach Hause zurück", sagen die Fischer, "ehe die Jäger kommen!" Tausende haben sich inzwischen weltweit mit
der Unterstützung vieler christlicher Fischer auf den Weg
gemacht, und es geht immer noch weiter.

WER WIRD SIE ZURÜCKBRINGEN?

Wer aber ist es, der die Juden nach Hause bringt? Der Zionismus? Oder die Aktionen von "Christians for Israel International"? Oder die politischen Beschlüsse der Vereinten Nationen? Oder vielleicht Leute wie Hitler und die anderen großen Antisemiten seit dem Ende des neunzehnten Jahrhunderts?
Ja - und nein!

Zuallererst müssen wir sagen: Gott selbst bringt die Juden
heim. Durch den Propheten Jesaja sagt er zu Israel: *"So fürchte*
dich nun nicht, denn ich bin bei dir. Ich will vom Osten
deine Kinder bringen und dich vom Westen her sammeln,
ich will sagen zum Norden: Gib her!, und zum Süden: Halte
nicht zurück! Bring her meine Söhne von ferne und meine

Töchter vom Ende der Erde, alle, die mit meinem Namen genannt sind, die ich zu meiner Ehre geschaffen und zubereitet und gemacht habe. Es soll hervortreten das blinde Volk, das doch Augen hat, und die Tauben, die doch Ohren haben!" (Jes 43,5 - 8). Der Herr bringt die Juden heim. Hinter allen politisch, karitativ und ideologisch motivierten menschlichen Aktionen ist in der Rückkehr des jüdischen Volkes nach Israel seine Hand erkennbar.

Aber wie handelt er? Der Ewige handelt immer durch sein Wort. Sein Wort - oder, wie die Juden sagen, die ewige Thora - rief die Schöpfung ins Leben. Dieses Wort erhält die Schöpfung bis auf den heutigen Tag.

Alles, was der Herr tut, geschieht durch das Wort und durch den Geist Gottes. Gottes Wirken wird der Welt durch das Wort und den Geist vermittelt. Auch der Weg zurück aus der Welt zu Gott dem Vater geht durch Wort und Geist. Und das Wort ward Fleisch und wohnte unter uns (siehe Joh 1,14).

Kurz bevor Jesus nach seiner Kreuzigung und Auferstehung zum Himmel auffuhr, um sich zur Rechten Gottes zu setzen, sagte er: *"Mir ist gegeben alle Gewalt im Himmel und auf Erden" (Mt 28,18).* Er ist das Lamm, das würdig ist, aus der rechten Hand dessen, der auf dem Thron sitzt, das Buch zu nehmen, um die Weltgeschichte zu ihrem Ziel zu führen (siehe Offb 5,1 - 10), sie hinzuführen zum Reich Gottes durch alle Gerichte, Plagen und Katastrophen, die in der Offenbarung beschrieben sind, hindurch.

Wer bringt die Juden heim? Gott der Herr bringt die Juden heim. Durch wen bringt er sie heim? Durch den Herrn Jesus Christus, der in seiner Macht zur Rechten des Vaters auf dem Thron sitzt.

Jesus bringt die Juden heim, wenn auch Israel sich dessen zur Zeit noch nicht bewusst ist. Jesaja weissagt davon bereits, als er von dem "Knecht des HERRN" sagt, dass dieser zum Bund des Volkes Israel gemacht werden wird, das Land aufzurichten und das verwüstete Erbe auszuteilen (siehe Jes 49,8), den Gefangenen in den weltweiten Gefängnissen, Konzentrationslagern und Ghettos in der Zerstreuung unter den Völkern zu sagen: "Geht heraus! Kommt hervor aus der tiefen Finsternis der Gräber, in denen ihr begraben seid!"

Wer ist dieser "Knecht des HERRN"? Jesaja sagt, dass der Herr ihn von Mutterleibe an als seinen Knecht berufen hat (siehe Jes 49,1), empfangen durch den Heiligen Geist von der Jungfrau Maria. Um was zu tun? *"... um Jakob zu ihm zurückzubringen und damit Israel zu ihm gesammelt werde" (Jes 49,5; Rev. Elberf.).*

"... ja, er spricht: Es ist zu wenig, dass du mein Knecht bist, um die Stämme Jakobs aufzurichten und die Bewahrten Israels zurückzubringen. So habe ich dich auch zum Licht der Nationen gemacht, dass mein Heil reiche bis an die Enden der Erde" (Jes 49,6; Rev. Elberf.).

Es sind diese Worte, die Simeon im Tempel zitiert, als er das Kind Jesus in den Armen hält. Allerdings mit einer bemerkenswerten Änderung: Simeon kehrt die Reihenfolge um! Unter der Führung des Heiligen Geistes sagt er:

"Nun, Herr, entlässt du deinen Knecht nach deinem Wort in Frieden; denn meine Augen haben dein Heil gesehen, das du bereitet hast im Angesicht aller Nationen: ein Licht zur Erleuchtung der Nationen und zur Herrlichkeit deines Volkes Israel" (Lk 2,29 - 32; Rev. Elberf.).

ZEICHEN DER ENDZEIT

Zuerst kommt also das Heil zu den Heiden, danach dann Herrlichkeit für das Volk Israel. Fast sind wir da. Das Heil, die Verkündigung des Evangeliums, geht aus zu allen Völkern; Israel beginnt heimzukehren. In seiner letzten großen Predigt, der Endzeitrede auf dem Ölberg, nennt Jesus eine ganze Reihe von Zeichen als Hinweise auf die Zeit seiner Wiederkunft (siehe Mt 24; Lk 21; Mk 13). Viele dieser Zeichen, wie Kriege, Erdbeben und Hungersnöte, hat es in gewissen Ausmaßen schon seit Jahrhunderten gegeben, aber in unserer Zeit haben sie in aufsehenerregendem Maße zugenommen. In den Kriegen des zwanzigsten Jahrhunderts sind mehr Menschen umgekommen als in allen vorhergehenden Jahrhunderten zusammen. Falschen Propheten wurden in jenem Jahrhundert mehr Menschenleben geopfert als je zuvor. Denken wir nur an Hitlers Nationalsozialismus, der sechs Millionen Juden das Leben gekostet und den Zweiten Weltkrieg mit mehr als fünfzig Millionen Toten verursacht hat. Oder nehmen wir Stalins Kommunismus, der ebenso Millionen und Abermillionen von Menschen das Leben gekostet hat, unter ihnen sehr viele Christen und Juden.

Oder Mao Tse-Tungs Terrorregime. Oder Kambodscha, Ruanda und so weiter und so fort. Die Zahl der besonders schweren "Killer-Erdbeben" nimmt rapide zu. Aids, Krebs und andere Krankheiten fordern ihren Tribut in immer größerem Ausmaß. Zwei Zeichen aber, die ein konkreter Hinweis auf die baldige Wiederkunft des Messias sind und die es in der Geschichte so noch nicht gegeben hat, sehen wir erst in unseren Tagen Wirklichkeit werden.

Das erste Zeichen ist die weltweite Verkündigung des Evangeliums unter allen Völkern (siehe Mt 24,14). Es erfüllt sich in unseren Tagen. Nach dem großen Missionszeitalter, dem neunzehnten Jahrhundert, nahm im zwanzigsten Jahrhundert die Evangeliumsverkündigung ein weltweites Ausmaß an, und zwar durch die modernen Kommunikationsmittel. Per Satellit, Kabel, Radio und Fernsehen. In nahezu allen Sprachen der Welt mehrere hundert Stunden täglich. Jesus hatte nicht gesagt, dass tatsächlich jeder einzelne Mensch das Evangelium hören würde, aber er hatte gesagt, dass *"alle Völker"* es hören, *"und dann wird das Ende kommen"*.

Das zweite Zeichen ist das Aufblühen des Feigenbaumes (siehe Mt 24,32.33). Israels Wiedererstehen. Wer das vor seinen Augen geschehen sieht, sollte erkennen, dass das Kommen Jesu nahe vor der Tür ist (siehe Mt 24,33), dass das Reich Gottes nahe ist (siehe Lk 21,31). Auch dies sehen wir neben all den anderen Zeichen in unseren Tagen direkt vor unseren Augen geschehen.

Israel zieht hin zu seiner Ruhe. Zu seiner Herrlichkeit am Ende dieser Tage. Der Knecht des Herrn, den Jesaja ankündigte, ist Jesus. Er bringt die Juden heim. Warum bringt er die Juden jetzt heim? Weil er ihnen dort, in Jerusalem, bei seiner Wiederkunft in Herrlichkeit begegnen möchte. Deshalb bringt er die Juden heim. Deshalb hat Gott seinem Sohn die Macht gegeben, die Geschichte so zu lenken, dass Israel heimkehrt. Bald wird er sich seinen Brüdern durch seinen Geist offenbaren (siehe Sach 12,10 - 14; 14,4) wie damals Josef seinen Brüdern in Ägypten (siehe 1. Mose 45,1 - 3). Die Wiederkunft Christi nähert sich rasch.

Wie bringt der Herr die Juden heim? Wen gebraucht Jesus dabei auf der Erde? Er gebraucht Menschen. Politische Ereignisse. Den Zionismus. Hilfsprojekte von Organisationen wie "Christians for Israel". Beschlüsse der Vereinten Nationen. Sogar Antisemiten wie Hitler. Dabei ist eines ganz bemerkenswert: Heiden, Nichtjuden, nichtjüdische Völker bringen die Juden heim.

Jesaja weissagt für das Volk Israel: *"So spricht der Herr, HERR: Siehe, ich werde meine Hand zu den Nationen hin erheben und zu den Völkern hin mein Feldzeichen aufrichten. Und sie werden deine Söhne auf den Armen bringen, und deine Töchter werden auf der Schulter getragen werden. Und Könige werden deine Wärter sein und ihre Fürstinnen deine Ammen. Sie werden sich vor dir niederwerfen mit dem Gesicht zur Erde und den Staub deiner Füße lecken. Da wirst du erkennen, dass ich der HERR bin: die auf mich hoffen, werden nicht beschämt werden"* (Jes 49,22.23; Rev. Elberf.).

Israel ist auf dem Heimweg zu seiner Herrlichkeit, heimgebracht von Nichtjuden, von Heiden, von Menschen wie Ihnen und mir. Also nehmen Sie einen jüdischen Mann, eine jüdische Frau oder ein jüdisches Kind an die Hand und helfen Sie ihnen, nach Hause zu kommen! Der Herr bringt die Juden heim und gebraucht dazu die Heiden. Damit hat er den letzten Abschnitt dieses Zeitalters eingeläutet. Nach der Finsternis und den Gerichten, die sich zum Ende hin immer mehr steigern werden, wird sein Reich anbrechen, und der König dieses Reiches, Jesus Christus, der Messias Israels, wird kommen. Bringt die Juden heim, denn Jesus kommt!

11 ISRAEL ZIEHT HIN ZU SEINER RUHE

Wie wird Israel zu seiner Ruhe kommen? Etwa durch das Gelingen des Friedensprozesses im Nahen Osten unter der Leitung von Amerika, Russland, Europa und den Vereinten Nationen? Nein, es ist im Gegenteil zu befürchten, dass es gerade dann zum Schlimmsten kommen wird, wenn sich die Friedensverhandlungen einem erfolgreichen Abschluss zu nähern scheinen.

Die falschen Propheten sagen: *" 'Friede! Friede!', und ist doch nicht Friede" (Jer 6,14; siehe auch Jer 8,11.15; Hes 13,1 - 16).* Der Antichrist wird einen Bund, ein Friedensabkommen mit Israel schließen, bricht ihn aber dreieinhalb Jahre später wieder, *"und bis zum Ende wird es Krieg geben und Verwüstung, die längst beschlossen ist" (Dan 9,26b; siehe auch Mt 24,15 - 22; Mk 13,14 - 20).* Wenn Israel in vermeintlicher Sicherheit wohnt, wird plötzlich, wie ein heraufziehendes Gewitter, der feindliche Angriff einsetzen (siehe Hes 38,1 - 16). Es wird zwar eine Zeitlang einen gewissen Frieden geben, und wer würde ihn dem seit Jahrhunderten so schwer heimgesuchten jüdischen Volk nicht gönnen? Jerusalem wird jedoch für alle Völker zu einem Laststein gemacht werden, zu einem unverrückbaren Felsen. Alle Völker, die diesen Stein wegheben wollen, werden sich daran wund reißen (siehe Sach 12,3).

So werden alle Völker auf Erden, die Israel plötzlich überfallen, eine furchtbare, von Gott selbst bewirkte Niederlage erleiden. Der Friede, nach dem jeder Mensch sich sehnt, wird erst kommen, wenn der Gott des Friedens zu seinem Ziel gelangt sein wird. Mit seiner Gemeinde, mit Israel und letztlich mit allen Völkern der Welt und auch mit der gesamten Schöpfung.

Heißt das, dass Menschen gar nicht weiter versuchen sollten, Frieden im Nahen Osten und in allen Krisenregionen der Welt zustande zu bringen? Gewiss nicht. Frieden ist immer besser als Krieg, Nahrung ist besser als Hunger, Gesundheit besser als Krankheit, eine saubere Umwelt besser als eine verschmutzte Welt, Recht besser als Unrecht. Das große Problem dabei ist, dass die Menschen bei ihren Friedensbemühungen Gottes Wort völlig ignorieren, mit dem er Israel dieses Land zugesprochen hat. Immer wieder wird deutlich, dass alles Trachten im Herzen des Menschen böse ist, immer zunächst auf die eigenen Interessen bedacht. Immer wird es dazu geneigt sein, Gott und den Nächsten zu hassen (siehe Röm 3,10 - 19; Tit 3,3).

Die Sünde regiert. Und die Mächte der Finsternis herrschen unter der Führung des "Fürsten dieser Welt", Satan (siehe Joh 14,30), über die Welt (siehe Eph 6,12). Den ganzen Tag ist alles Sinnen der Gedanken des Menschenherzens nur böse. Das war der Grund dafür, dass Gott sich bereits früher einmal zu einem weltweiten Gericht entschlossen hatte: zur Sintflut (siehe 1. Mose 6,5 - 8). Wenn das Maß der menschlichen Bosheit wiederum voll und Gottes Geduld zu Ende ist, kommt erneut ein weltweites Gericht, diesmal jedoch durch Feuer (siehe 2. Petr 3,1 - 13).

Anhaltende Wachsamkeit ist das Gebot der Stunde, denn jeder von Menschen gemachte Friede ist bestenfalls eine "Ruhe vor dem Sturm". Es besteht kein Anlass zur Sorglosigkeit und kein Grund für ein Nachlassen der Wachsamkeit. Weder im Kleinen noch im Großen. Selbst wenn der Herr eine kurze Verschnaufpause, eine kleine Ruhepause schenkt, müssen wir uns im Klaren sein: Wir sind noch nicht am Ziel. Wir sind noch auf dem Weg zum Reich Gottes, zum König dieses Reiches. Erst wenn sich das Wort Gottes bis zum letzten Jota erfüllt haben wird, wird Friede sein (siehe Mt 24,35). Erst wenn der Herr selbst mit Israel zum Ziel gelangt ist, wenn Israels Augen sich für seinen Gott geöffnet haben werden, dann bricht der wahre Friede an.

EINE PROPHETIE, DIE SICH DREIMAL ERFÜLLT

Wie wird das sein, wenn Jesus von seinem eigenen jüdischen Volk erkannt wird? Dreimal wird in der Bibel darauf hingewiesen. Als der Apostel Johannes über die Kreuzigung Jesu schreibt, zitiert er einen Vers aus dem Propheten Sacharja: *" 'Sie werden den sehen, den sie durchbohrt haben' "* *(Joh 19,37)*. Wie meint er das? Römische Soldaten, also Nichtjuden, vollstreckten die Hinrichtung Jesu. Weil am jüdischen Sabbat kein Leichnam am Kreuz hängen bleiben durfte, beschlossen sie, der Qual ein Ende zu bereiten, indem sie den Gekreuzigten mit einem Eisenstab die Beine zertrümmerten. Das hatte zur Folge, dass sie sich nicht mehr auf ihren angenagelten Füßen nach oben drücken konnten, damit sich der Brustkorb zum Atmen weitet. An ihren Armen hängend erstickten sie.

Als sie jedoch zu Jesus kamen, sahen sie, dass er bereits gestorben war. Um ganz sicher zu gehen, nahm einer von ihnen seinen Speer und stieß ihn Jesus schräg von unten, unterhalb der Rippen, in die Seite, nahe beim Herzen.

Wäre Jesus zu diesem Zeitpunkt lediglich bewusstlos gewesen, so wäre durch das noch schlagende Herz ein heftiger Blutschwall aus der Speerwunde geschossen, bevor dann der Tod eintrat. Aber Jesus war bereits tot, daher floss nur etwas Blut und Wasser heraus. Mediziner weisen darauf hin, dass eine Kombination von Ersticken und Herzversagen die physische Ursache für den Tod Jesu gewesen sein muss. Johannes ist in seiner Aussage sehr bestimmt. Dreimal versichert er uns in einem einzigen Vers, dass er als Augenzeuge genau gesehen hat, was da geschah: *"Und der das gesehen hat, der hat es bezeugt, und sein Zeugnis ist wahr, und er weiß, dass er die Wahrheit sagt, damit auch ihr glaubt" (Joh 19,35)*. Die Gebeine Jesu wurden also nicht zertrümmert. Dadurch wurden zwei Schriftworte erfüllt: *"Ihr sollt ihm kein Bein zerbrechen" (Joh 19,36; siehe 2. Mose 12,46; 4. Mose 9,12; Ps 34,21)*, und: *"Sie werden den sehen, den sie durchbohrt haben" (Joh 19,37; siehe Sach 12,10)*. Wer hat Jesus durchbohrt?

Waren es die Juden? Nein, sondern - wie wir bereits sahen - die römischen Soldaten. Sie waren es, die Jesu Hände und Füße mit Nägeln und seine Seite mit einem Speer durchbohrten.

Aber das Schriftwort aus Sacharja 12,10 wurde bisher nur teilweise erfüllt. Da heißt es folgendermaßen: "*... sie werden mich ansehen, den sie durchbohrt haben, und sie werden um ihn klagen, wie man klagt um ein einziges Kind, und werden sich um ihn betrüben, wie man sich betrübt um den Erstgeborenen*" *(Sach 12,10b)*.

Hat sich dies alles am Kreuz erfüllt? Nein. Dort wurde gejohlt und gepfiffen, gelacht und gespottet. Die Einwohner Jerusalems, von denen der Prophet Sacharja spricht, erhoben gewiss keine Trauerklage, als die Nichtjuden, die Römer, ihr grausames Werk ausführten. Sie sahen zwar den, den die Römer durchbohrt hatten, aber sie klagten und betrübten sich nicht um ihn. Das muss also noch kommen. Und kommen wird es auch, und zwar, wenn Gott, wie es am Anfang desselben Verses 10 aus Sacharja 12 heißt, "*über das Haus David und über die Bürger Jerusalems (...) den Geist der Gnade und des Gebets*" ausgießen wird. Der Geist überführt die Welt von Sünde und von Gerechtigkeit und von Gericht (siehe Joh 16,8). Mit einem Mal werden sie erkennen, wer der ist, der damals getötet worden war. Die jüdischen Führer im Sanhedrin hatten Jesus zum Tode verurteilt (siehe Mt 26,59 - 66), und die Römer hatten das Urteil vollstreckt, aber keiner der Beteiligten hatte auch nur die leiseste Ahnung, was sie da wirklich taten. Einzig Gottes Geist kann es offenbaren.

Eine weitere teilweise Vorerfüllung des Wortes aus Sacharja 12 geschah am Pfingstfest in Jerusalem (siehe Apg 2). Damals ging es den Juden und den Proselyten, also zum Judentum übergetretenen Heiden, die zu Pfingsten in der Stadt waren, durchs Herz, als sie nach der Ausgießung des Heiligen Geistes durch die Predigt des Petrus ihren Messias Jesus als gekreuzigt vor Augen hatten (siehe Apg 2,37). Dennoch: Von Trauer und großer Klage ist auch hier noch nicht die Rede. Die endgültige Erfüllung wird stattfinden, wenn der Herr seinen Heiligen Geist über das Haus David und die Bürger Jerusalems ausgießen wird und daraufhin in der Stadt und dem ganzen Land Israel alle Geschlechter Israels, Männer und Frauen, eine große Trauerklage über den Durchbohrten erheben werden, weil sie auf einmal erkennen, wer er ist (siehe Sach 12,10 - 14).

Eine Trauer, die zur Busse führt, so dass dann ganz Israel, der heilige Überrest, die letzte Generation, zum Glauben kommen wird. Manche meinen sogar, dass die durch den Heiligen Geist bewirkte Umkehr Israels Hand in Hand gehen wird mit dem ganz realen Erblicken dessen, den sie durchbohrt haben, weil es sich während seines Kommens in Herrlichkeit ereignen wird. In dem Fall werden ihn dann alle Menschen erblicken, alle - Juden und Heiden -, die ihn durchbohrt haben, denn *"er war durchbohrt um unserer Vergehen willen, zerschlagen um unserer Sünden willen. (...) Doch dem HERRN gefiel es, ihn zu zerschlagen" (Jes 53,5.10; Rev. Elberf.).*

Wie dem auch sein mag: Israel wird sehen, wer Jesus ist. Deshalb bringt er die Juden zurück ins Land, um ihnen dort zu begegnen. Vor ihren Augen und in ihren Herzen.

Dieser Text aus Sacharja kommt aber noch ein drittes Mal in der Bibel vor, und zwar in Offenbarung 1,7. Dort heißt es: *"Siehe, er kommt mit den Wolken, und jedes Auge wird ihn sehen, auch die, welche ihn durchstochen haben, und wehklagen werden seinetwegen alle Stämme der Erde. Ja, Amen" (Offb 1,7; Rev. Elberf.).* Das ist aber ein ganz anderes Wehklagen. Das ist keine Traurigkeit, die zur Reue führt. Das ist Angst vor dem bevorstehenden Gericht. Die Völker der Welt, die mit aller Entschiedenheit "nein" zu ihm gesagt haben, werden dann zu den Bergen und den Felsen sagen: *"Fallt auf uns und verbergt uns vor dem Angesicht dessen, der auf dem Thron sitzt, und vor dem Zorn des Lammes! Denn gekommen ist der große Tag ihres Zorns. Und wer vermag zu bestehen? (Offb 6,16.17; Rev. Elberf.).* Dieser Augenblick kommt rapide näher. Die Gemeinde wird vollendet, Israel wird gerettet, die Völker werden gerichtet. Sie alle werden den sehen, den sie durchbohrt haben.

UMKEHR VOM ANTISEMITISMUS

Was bedeutet das alles für uns, als Gemeinde Jesu Christi, im Hinblick auf Israel? Natürlich sollen wir weiterhin, wenn man uns fragt, Zeugnis ablegen über die Hoffnung, die in uns ist (siehe 1. Petr 3,15). Viel mehr aber noch sollen wir Wegbereiter für Gottes Selbstoffenbarung an sein Volk sein, soll das jüdische Volk durch Wort und Tat die Liebe Jesu an uns erkennen können.

"Tröstet, tröstet mein Volk!", sagt der Herr (Jes 40,1). Zur Eifersucht reizen, sagt Paulus (siehe Röm 11,14). Ein wichtiger Bestandteil davon ist eine Haltung der Demut und die Bereitschaft, Schuld und Versagen offen zuzugeben. Als Christen müssen wir zu dem falschen Verhalten der Christenheit durch die Jahrhunderte hindurch stehen, die den Juden, als sie Hunger und Durst litten, als sie Fremdlinge unter uns und nackt und krank, in Gefängnissen und in Konzentrationslagern waren, nicht beigestanden hat. Wir haben uns jedesmal geweigert zu verstehen, wen der Herr meinte, wenn er uns auf einen von diesen seiner geringsten Brüder hinwies.

Jener bekannte Abschnitt Matthäus 25,31 - 46 aus der Endzeitrede Jesu wird oft so verstanden, als wenn Jesus dort lehrt: "Tut den Bedürftigen Gutes, dann werdet ihr am Tag des Gerichts gut dastehen." Das ist aber nichts anderes als ein humanistisches Pseudo-Evangelium, wonach wir durch unsere guten Taten gerettet werden. Durch unsere "guten Werke" erlangen wir jedoch niemals die ewige Seligkeit. Nur *ein* Werk, das Werk Jesu Christi am Kreuz, das wir uns nur durch den Glauben zu eigen machen können, reicht dafür aus. Und dennoch sind wir verpflichtet, den Bedürftigen zu helfen.

Andere wieder verstehen den Abschnitt so: "Seid gut zu euren notleidenden Glaubensgeschwistern in der Welt, den um ihres Glaubens willen verfolgten und gefangenen Christen, dann werdet ihr im Gericht bestehen." Und wiederum: Wir sollen unseren um des Glaubens willen leidenden Brüdern und Schwestern in der Welt in der Tat Gutes tun, und viele von ihnen leiden sehr große Not. Aber auch wenn das stimmt, geht es dabei nicht um uns und unsere Errettung.

Was Jesus in Wahrheit meinte, als er sagte: *"Was ihr getan habt einem von diesen meinen geringsten Brüdern, das habt ihr mir getan" (Mt 25,40),* ist dies: Was haben die Völker der Welt mit den in ihrer Mitte lebenden Juden getan? Das ist das entscheidende Kriterium für das kommende Gericht über die Nationen, für die Scheidung der "Schaf-Nationen" von den "Bock-Nationen" (siehe Mt 25,32.33). Wie ist die Christenheit mit den Juden umgegangen? Was haben wir den Juden rings um uns her getan? Der Herr redet hier Klartext. Dies ist eine der Passagen, in denen er von der Hölle spricht: *"Geht weg von mir, ihr Verfluchten, in das ewige Feuer, das bereitet ist dem Teufel und seinen Engeln!" (Mt 25,41).*

Von einigen positiven Ausnahmen abgesehen, hat die Christenheit angesichts der Misshandlung der Juden geschwiegen. Ja, sie war oft nicht nur stillschweigender Zuschauer bei den Grausamkeiten, sondern sie hat diese durch ihre verblendeten theologischen Denksysteme oftmals sogar verursacht. Wenn Israel schon blind und zum Teil verstockt sein mag, wie es auf älteren christlichen Bildern oft als Frau mit verbundenen Augen dargestellt wurde, so traf, oder genauer, trifft dies in dieser Sache ganz gewiss auf die Christenheit genauso zu. Wir müssen unsere Schuld bekennen, und zwar mit unmissverständlichen und eindeutigen Worten gegenüber dem jüdischen Volk.

Aber Worte allein reichen nicht aus. Es müssen dann auch Taten zum Erweis absoluter und echter Solidarität folgen. Solche Christen wie die Holländerin Corrie ten Boom und ihre Familie sowie viele andere, die zum Teil buchstäblich ihr Leben für die Juden gaben, als Hitler, der letzte Vorläufer des Antichristen, auf der Bildfläche erschien, sollten unsere Vorbilder sein. Sie standen den Juden bedingungslos gegen die Feinde Gottes und seines Volkes bei. Sie halfen nicht nur Juden, die an Jesus glaubten, sondern allen Juden. Diese Christen wussten, dass die Juden das Volk Gottes, sein auserwähltes Volk sind, sein Erstgeborener. Auch wir können unseren Teil tun. Wir können Juden helfen, indem wir ihnen, wo immer dies möglich und von ihnen selbst gewünscht ist, helfen heimzukehren, indem wir ihnen bei ihrem Exodus aus dem weltweiten Exil auf ihrem Heimweg nach Israel zur Seite stehen; indem wir den durch Kriege und Terroranschläge psychisch wie physisch traumatisierten Juden in Israel humanitäre Hilfe leisten; indem wir ihnen, wo möglich, wirtschaftliche Unterstützung leisten, jedweder Art des Boykotts zum Trotz; indem wir ihnen moralischen Beistand leisten und ihnen sagen: "Setzt euer Vertrauen auf den Herrn, auf sein Wort, das Wort des Gottes Israels. Er wird euch nicht verlassen noch versäumen, wenn auch die ganze Welt gegen euch ist." Es kann sein, dass Juden durch solche und andere Dinge auf den Gedanken verfallen, es könnte vielleicht doch etwas Gutes von Jesus aus Nazareth kommen und dass es durchaus einen Unterschied gibt zwischen "der Kirche" und wahren Christen. Dadurch könnte der Weg für das Kommen Jesu bereitet werden.

Aber die Voraussetzung dafür, dass Gott uns in sein Wirken an Israel mit hineinnimmt, ist, dass wir unsere Schuld gegenüber seinem Volk wirklich persönlich erkennen und annehmen. Wir machen es uns zu einfach, wenn wir mit dem Finger auf andere Christen, auf bestimmte Kirchen und Gemeinden zeigen und sagen: "Das ist allein ihre Verantwortung". Es ist zu billig zu sagen: "Diese oder jene Nation ist schuld". Wir müssen uns mit dieser Schuld identifizieren und sie als unsere Schuld bekennen, so wie es Daniel tat, der sein Bußgebet für Israel mit den Worten begann: *"Wir haben gesündigt, Unrecht getan, sind gottlos gewesen und abtrünnig geworden; **wir** sind von deinen Geboten und Rechten abgewichen ..." (Dan 9,5).* Er, der Gerechte, der in einer feindseligen Umgebung auf Gott vertraute und den jüdischen Speisegesetzen treu blieb trotz der damit verbundenen Risiken (siehe Dan 1,8 - 17), er identifizierte sich mit der Schuld seines Volkes und sagte: "Wir haben gesündigt, wir und unsere Väter". So wie Daniel sollte jeder Christ als Glied des Leibes Jesu, seiner Gemeinde, die aus Gläubigen aller Orte und Zeiten besteht, sagen: "Wir haben gesündigt". Nur so ist eine Erneuerung des Glaubens, eine geistliche Wiederbelebung der Gemeinde Jesu, vielleicht eine Erweckung, überhaupt möglich.

Denn solange es noch nicht bekannte Sünde und Schuld im Leben eines einzelnen Menschen oder in Teilen des Leibes Christi gibt, solange keine Umkehr geschehen ist, solange kann der Heilige Geist nicht den vollen Segen geben. Das gilt im persönlichen Bereich, aber auch für die Gemeinde in ihrer

Gesamtheit. Nicht der, der stolz ist, sondern der, der sich vor seinem Volk demütigt, handelt richtig. Unsere Umkehr sollte nicht in erster Linie aus Worten, sondern vor allem aus Taten bestehen. Wer weiß, was der Herr an Israel und den Völkern dieser Welt tun kann, wenn er die Busse und Umkehr der Gemeinde Jesu sieht! Das bleibt ihm überlassen.

OHNE MISSION

Ich möchte in diesem Zusammenhang weitergeben, was mir einmal ein befreundeter Pastor erzählte. Er besuchte die Große Synagoge in Jerusalem mit einer niederländischen Gruppe christlicher Touristen. Während des Synagogengottesdienstes kam einer der Anwesenden, seinem Äußeren nach ein orthodoxer Jude, auf ihn zu und fragte im Flüsterton: "Wer sind Sie?" (In Synagogengottesdiensten ist es normal, dass einige Teilnehmer in gedämpftem Ton miteinander reden, während andere für sich oder in kleineren Gruppen beten oder aber auf das achten, was vorne in der Synagoge geschieht.) "Wir sind eine Gruppe christlicher Touristen aus Holland", sagte dieser, "und ich bin Pastor." "So", sagte der Jude, "dann glauben Sie also, dass Jesus der Messias ist." "Ja", sagte mein Freund. Der orthodoxe Jude sah ihn an und sagte plötzlich: "Das glaube ich auch."

Erstaunt sah der Pastor ihn an. "Ja", sagte der, "das ist mir eines Nachts klargeworden. Ohne evangelistische Traktate oder Gespräche mit Christen. Natürlich wissen wir Juden, was Sie von Jesus glauben, aber wir glauben das nicht. Eines Nachts aber wurde es mir gezeigt, und ich erkannte, dass Jesus der ist, als den er sich bezeichnete, der Messias." Er fuhr fort: "Es gibt viele so wie mich. Wir schließen uns keiner messianisch-jüdischen Gemeinde an. Wir bleiben in der Synagoge und reden weiter nicht darüber, aber wir kennen uns untereinander." Dann entfernte er sich und nahm wieder am Synagogengottesdienst teil.

Dieses Beispiel ist wie eine kleine Vorausschau auf das, was Gott durch den Heiligen Geist eines Tages an ganz Israel tun wird. Ohne Mission, nur durch die Heilige Schrift (siehe Joh 5,39) und den Heiligen Geist.

Wir sollten dies Gott selbst und den messianisch-jüdischen Geschwistern überlassen. Als Gläubige aus den Heiden haben wir zwar die gleiche himmlische Berufung wie unsere jüdischen Geschwister, die an Jesus glauben, und gemeinsam mit ihnen sind wir auf dem Weg, dem himmlischen Bräutigam entgegen (siehe Phil 3,20.21; 1. Thess 4,13 - 17; 2. Thess 1,3 - 10). Wir sind wie sie Teil der Braut des Lammes, des Königs aller Könige, mit dem wir eines Tages regieren werden (siehe Offb 2,26.27; 19,6 - 10), und wir wissen, dass Gott uns so liebt wie sie. Doch als Gläubige aus den Heiden haben wir in Bezug auf die Juden meistens eine andere Aufgabe, als sie zu evangelisieren. Nicht zuletzt wegen unserer durch "christlichen" Antisemitismus belasteten Vergangenheit.

Wenn wir Juden evangelisieren würden, wäre ihre Reaktion sicher ähnlich, wie man sie von Holländern hätte erwarten können, falls Deutsche nach dem Zweiten Weltkrieg nach Holland gekommen wären, um den Menschen zu sagen, dass sie sich bekehren sollten. Die Reaktion wäre dann wahrscheinlich etwa so ausgefallen: "Geht schleunigst nach Deutschland zurück! Da habt ihr mehr als genug zu tun mit Menschen, die Bekehrung nötig haben!"

Uns Christen fehlt häufig jegliche Wahrnehmung dafür, wie schwer die Schuld eines jahrhundertelangen "christlichen" Antisemitismus auf uns lastet und wie furchtbar wir Jesu Antlitz für jüdische Augen entstellt haben. Für die meisten Juden ist es ausgeschlossen, dass Jesus ihr Messias und Erlöser sein sollte, weil so viel jüdisches Blut, in seinem Namen vergossen, an den Händen derer klebt, die sich für Christen halten und glauben, sie folgten ihm nach.

Für sie ist Jesus ein falscher Gott, ein Abgott.

Wir sollen unsere Werke für uns sprechen lassen, bevor wir den Mund aufmachen. Paulus lehrt uns außerdem in Kapitel 11 seines Briefes an die Römer, dass Gott die Juden teilweise verstockt hat (siehe Röm 11,25). Zum Teil: Denn sie wissen zwar, wer Gott ist, aber sie sind blind für Jesus. Und teilweise auch insofern, als Gott sich immer einen Überrest nach der

Wahl der Gnade bewahrt hat. Da es Gott ist, der sie verstockt hat, halte ich es in dieser Zeit nicht für richtig, die Juden auf aggressive Weise zu evangelisieren. Das wäre, als wüssten wir es besser als Gott.

BITTET FÜR DEN FRIEDEN JERUSALEMS!

Unsere Aufgabe ist es wohl eher, den Schutt der Jahrhunderte beiseite zu räumen, den Weg zu ebnen und im Gebet in den Riss zu treten. Wie die Wächter über Zions Mauern sollen wir den Herrn unaufhörlich um Erbarmen für sein Volk bitten.

Wir sollen der biblischen Ermahnung Folge leisten: *"Bittet für den Frieden Jerusalems!" (Ps 122,6; Schlachter).*

Bitten für den Frieden Jerusalems heißt: darum bitten, dass der Geist der Gnade und des Gebets über die Einwohner Jerusalems und des ganzen Landes ausgegossen wird. Es bedeutet, um das Kommen des Friedefürsten zu bitten und auch für die umliegenden Völker zu beten, denen der Herr ja ebenfalls Segen verheißen hat.

Es bedeutet, den Herrn an seine Verheißungen zu erinnern und ihn in Demut zu bitten, dass er sie erfüllt, so wie es auch die Beter der Bibel getan haben.

Bitten für den Frieden Jerusalems heißt letzten Endes, für das Kommen des wahren weltweiten Friedens zu beten.

Es heißt, um das Kommen des Reiches Gottes zu bitten, wie Jesus es uns im Vaterunser gelehrt hat.

Maranatha, komm, Herr Jesus! Die Gnade des Herrn Jesus sei mit allen!

Hat Gott sein Volk verstoßen? Keineswegs!
"So frage ich nun: Hat denn Gott sein Volk verstoßen?
Das sei ferne! Denn ich bin auch ein Israelit,
vom Geschlecht Abrahams, aus dem Stamm Benjamin.
Gott hat sein Volk nicht verstoßen,
das er zuvor erwählt hat" (Röm 11,1 - 2a).
"... die Israeliten sind, denen die Kindschaft gehört
und die Herrlichkeit und die Bundesschlüsse
und das Gesetz und der Gottesdienst
und die Verheißungen, denen auch die Väter gehören
und aus denen Christus herkommt nach dem Fleisch,
der da ist Gott über alles, gelobt in Ewigkeit. Amen"
(Röm 9,4.5).

Anregungen und Fragen an den Autor über:

Israel Heute - Christen an der Seite Israels e.V.
Berliner Straße 12, 34289 Zierenberg, Bundesrepublik Deutschland
Tel.: +49 (0)5606 - 3759, Fax: +49 (0)5606 - 1000
eMail: info@israelaktuell.de, www.israelaktuell.de

Christians for Israel International Offices
P.O. Box 1100
3860 BC Nijkerk, Niederlande
eMail: international@christenenvoorisrael.nl, www.c4israel.org